AF279625

*Originalausgabe*



Herstellung und Verlag: BoD – Books on Demand, Norderstedt
ISBN: 9783758304231

# Prosaische Worte des Friedens

Frieden erscheint dieser Tage so fern. Überall auf der Welt brodeln die Krisenherde. Dabei sah das vor ein paar Jahren noch ganz anders aus. Abgesehen von ein paar Konflikten, wirkte die Welt stabil und gefestigt. Wie sehr wir uns getäuscht hatten. Heute wissen wir, wie fragil alles war und doch lebt der Traum vom Frieden in uns weiter. Diese Friedensgedichte wollen inspirieren und richten sich an all jene, die weiter aktiv vom Frieden träumen.

# Friedensreich

Ich bin bis ans Ende des Horizonts gerannt. Erst weit hinter dem Ende des Regenbogens hielt ich wieder an. Überall standen Fabriken und produzierten Wolken, die sie in den Himmel mit gesundem Regen schickten. Und alle die dort wohnten, strahlten vor Glück und Frieden. Ich sah das heilige Land, das niemals war und dennoch war es wahr. Ich sah, was ich erträumte in vielen nächtlichen Schäumen und ich fühlte wie die Gerüchte des Paradieses wahr wurden. Ein rosa Elefant neigte sein Knie und lud mich ein. Ich dankte ihm und kletterte über seinen Rüssel hoch auf seinen Kopf. Dann trabte er los, während sein Rüssel eine fröhliche Melodie ausstieß. Wir wanderten durch die Auen und ich konnte mich nicht satt schauen an dem Glück und der Harmonie, die dort zwischen Mensch und Tier lebte. Mir wurde klar, dass war noch besser als die Vorstellung vom Paradies, die mittelalterliche Menschen antrieb. Hier war jeder Erdling gleich. Hier war das irdische Friedensreich.

# Magische Worte

Was können wir verlieren: den Frieden. Wofür wollen wir kämpfen: für alle Menschen. Worte gepresst in Bytes auf einem Bildschirm oder gedruckt auf Papier. Doch Worte sind auch Magie. Seit Jahrtausenden verzaubern sie ganze Völker. Böse Zauber stürzen in den Krieg und gute Zauber bringen den Frieden. Worte sind magisch. Worte sind mächtig. Worte sind die Basis unseres inneren Selbst.

Trauben am Baum der Zeit sind weit gereist und fallen dir vor die Füße. Beiße hinein und spüre. Der frische Saft läuft deine Kehle hinab und streichelt dein Herz. Vögel spielen am Himmel und singen ein Lied. Sie sind Symbole des Friedens. Denn im Frieden können wir alle als freie Vögel fliegen.

Flieg mit mir! Spann deine Flügel auf und nimm Anlauf. Hebe ab und flieg mit mir ins Paradies. Flieg mit mir ans Ende der Welt. Flieg mit mir soweit, bis alles besser wird.

# Weltinnenraum

Schau in deinen Weltinnenraum. Er ist wahr und mehr als der materielle Traum der bürgerlichen Welt. Bei ihnen zählt Geld, Status und Besitz und in all den großen Kriegen der letzten hundert Jahre haben die Bürgerlichen eine kriegstreibende Rolle gespielt.

Brich aus und renn zu dir. Schneid ab und hack dich ein in dein innerstes Sein. Denn du bist rein, in dem was deine wahre Seele spricht. Du bist die Krönung wahrer Leidenschaft. Tauche tief und dann noch tiefer. Sieh ohne Augen. Ergründen das Verborgene und genieß den tiefen Frieden deiner wahren Seele. Nenn es Seele, nicht weil es ewig ist, sondern weil deine Liebe unsterblich ist. Nenn es Seele, nicht weil es zu irgendeinem Gotte geht, sondern weil es auch die Dunkelheit der Kriege heil übersteht. Nenn es Seele, weil es der Weg ist zu deinem wahren Wesen. Denn du bist und dein Sein ist Glück und Frieden.

# Heimatstunden

Ein Hinterhof. Wind spielt mit bunten Wimpeln.
Beats dringen aus den Boxen. Ein Restaurant. Der
Frühling ist da und überall in der Stadt fühlt man den
Neubeginn.
Wir ziehen durch die Stadt und ich lache, weil alle
lachen. Die Sonne hat uns wach geküsst. Cocktails aus
Totenkopfgläsern dampfen und fließen in Strömen
unsere Kehlen runter. Hier ist die Stadt. Millionen
Menschen tanzen. Wagen schlängeln sich die Straßen
entlang und viele tanzen hinter ihnen in den
Sommeranfang. Wilde Kostüme und fremde Küsse:
Kurz seh ich sie und wir küssen uns. Einmal nur und
mit Zunge, doch ohne Namen oder Wiedersehen.
Die Sonne weicht. Sterne scheinen. Lachen über
tausend Sachen, bis es still wird, weil unsere Zungen
beginnen, miteinander zu tanzen. Matratze im Loch.
Lachen und stöhnen, bis der Morgen uns wach küsst.
Wilde Nacht in einer wilden Stadt im Frieden. Lass die
Tauben leben und gebe denen, die betteln oder
musizieren.

# Ein Kieselstein

Ein Kiesel rollt über den heißen Beton. Die Sonne brennt. Selbst die Tannenbäume sterben. Erwacht ist er in einer reichen, armen Welt. Die Waffenarsenale quellen aus allen Nähten. Während die Menschen in Armut, Stumpfsinn und Glücklosigkeit dahinsiechen. Der Kieselstein rollt ins grüne Gras. Eine Butterblume bietet ihm ein Heim und zaubert ein Lächeln auf sein Gesicht. Er lässt sich fallen, aber entschuldigt sich beim Gras und den Wiesenblumen. Dann liegt er da mit ausgestreckten Armen und sieht ins Blau des Himmels. Den Kiesel hat er aufgehoben und lässt ihn durch die Finger rollen. Sein Blick klebt an der Wolke fest und sein Atem feiert ein Freudenfest. Hier am Stadtrand hinter der letzten Straße hören sie ihn nicht. Hier kann er sein. Der Drill, die militärischen Grüße, die Fahnen und Paraden des kranken Mannes, der an der Spitze steht, erreichen ihn hier nicht. Er ist frei. Der Kieselstein fliegt durch die Luft wie ein Vogel, als er ihn davon schnippt. Flügel müsste man haben, denkt er und transformiert im Geist. Riesige lange Federn wachsen und sein Mund wird spitz. Dann hebt er ab und kennt nur noch ein Ziel. Es war dieses Buch mit den schönen Bildern von Onkel S. Die Insel hatte steinige Gesichter aus einer vergessenen Zeit und sollte so weit weg sein, wie kein anderer Ort der Welt. Dorthin flog er und kam nie mehr zurück.

# Müßiggang

Durchs große Fenster bricht sich das helle Licht der Nachmittagssonne. Wir haben lange geschlafen und den Tag müßig genossen. Nichts haben wir gemacht außer im Bett; nichts außer den Frieden zu genießen, der in diesem Land lebt. Ein paar luftige Klamotten zieht sie an und den neuen, gelben BH, den wir zusammen gekauft haben. Ich bin schon fertig - fast; fehlen nur noch Cap und Sneaker. Draußen sind zarte zwanzig Grad und Sonnenschein, der uns einlädt zu flanieren durch die Straßen unseres Viertels. Ihre neue Haarfarbe ist lila und schwarz und passt zu meinem Lieblingsshirt. Doch jetzt trag ich hellblau wie der Himmel. Der Wind spielt mit uns und sendet eine angenehme Kühle, die ich so am Sommer liebe. Ich spüre, wie meine kleine Stadt lacht. Ich spüre, wie neue Träume erwachen und die Schmetterlinge wieder in die Bäuche fliegen. Frieden ist Liebe. Und ich liebe den Frieden, der mir dieses müßige Leben schenkt.

# Für die Stummen

Ich laufe über den Markt. Zarte Augen streifen mich. Ein Mann lacht wegen meiner Kalimba. Eine Frau wirkt von meinem coolen Erscheinen angetan. Mein Gedanke fliegt gen Osten. Dort bombt noch immer der Krieg. Neben mir sitzen sie: die Flüchtlinge. Ich erkenne ihre Sprache und weiß, sie mussten vor den Soldaten fliehen. Der halbe Planet fragt warum? Ein paar Verrückte finden es gut. Gleichzeitig bleiben viele stumm? Sie fürchten die wirtschaftliche Macht der Angreifer und die Folgen für ihr Volk. Ist das nicht dumm?

Wenn wir den Krieg nicht stoppen, dann wird er auch die Stummen überrollen. Er wird ihnen alles rauben. Unser Land wird brennen, Kinder flennen und die Armut wachsen. Denn der Krieg raubt den Schatz, den der Frieden gemacht. Der Krieg zerstört das Glück, das im Frieden sprießt. Der Krieg tötet jedes Kind, das unschuldig ist. Bleibt ihr stumm? Schert ihr euch nicht drum? Dann wundert euch nicht, wenn der Krieg löscht euer Licht!

# Jugend heute

Der Frieden wartet im Zukunftslicht. Glaubst du auch daran? Ich tue es!
Frieden ist mehr als die Abwesenheit von Krieg. Im echten, stabilen Frieden ist auch der Hass und die Missgunst besiegt. Beides ist sinnlos und trägt den Keim der Gewalt in sich, der zu Kriegen führt.
Eine kleine Blume und die Biene, die ihren süßen Staub nascht. Der Honig, den der Frühling bringt und das Lachen der Kinder im Sonnenschein. Das Schwimmbad ist voll. Jede:r lacht oder leckt Eis. Decken und Handtücher. Musik und Geschichten. Heute können wir noch lachen. Aber was bringt der Morgen. An zu vielen Orten tobt der Krieg und der nächste ist nur ein paar Kilometer entfernt. Wie widerstehen wir seinem Sog? Wie verhindern wir, dass seine Idee in die Geister unserer Jugend einzieht?
Sie vergessen, was war. Sie leben nur heute, weil es so viele funkelnde Produkte gibt. Doch wer die Geschichte vergisst, vergisst auch die Lektionen, die sie mit sich bringt. Doch dann, sagen die Weisen, sind sie verdammt, die Fehler zu wiederholen.

# Blätter im Wind

Ich lebe. Dieses Geschenk schenkten mir meine Eltern als Zeugen des ganzen Universums. Ich atme die Luft dieser Erde und lebe ein kleines, feines Leben. Zerbrechlich wie Porzellantassen sind wir Menschen. Dünn ist unsere Haut. Zart unser Geist. Wir sind ewige Kinder des blauen Balls und schutzlos den großen Mächten ausgeliefert. Wie ein Ameisenhügel funktionieren wir, auch wenn niemand genau weiß, wer die Königin ist. Viele wollen sie sein, doch beweisen nur die Gier, die sie antreibt.
Ich bin ganz klein neben all meinen kleinen Mitmenschen. Ich bin zerbrechlich wie ein Glas am Rand des Waschbeckens. Ich kann fallen und zerbrechen. Kein Kleber der Welt kann die tausend Stücke dann wieder richtig zusammensetzen.
Wie der Wind die Blätter über die Felder bläst, so bläst die Welt uns vor sich her. Wie die Wellen auf dem Ozean die Schiffe schaukeln lassen, so schaukeln wir auf dem Ozean der Gesellschaft. Wie ein schwerer Regen das Land peitscht, so peitscht das Geld uns Menschen.

# Wir brauchen Frieden!

Ein Gedanke lässt alle Kinder lachen. Ein Gedanke schenkt allen Müttern Glück. Ein Gedanke lässt die Männer weltweit chillen. Es ist der Gedanke des Friedens.
Wofür brauchen wir den Krieg? Er bringt Hunger und Seuchen. Er bringt Tod und Vergewaltigungen. Er bringt Angst und Zweifel. Er bringt Armut und Inflation. Nichts davon brauchen wir.
Aber wir brauchen den Frieden, um glücklich zu tanzen. Wir brauchen den Frieden, um befreit zu lachen. Wir brauchen den Frieden, denn er schenkt uns ein sicheres Heim und die Zeit, um mit unseren Liebsten glücklich zu sein.
Zwei Wege im Leben: Einer macht uns glücklich; der andere stürzt uns in den Untergang und den verfrühten Tod. Die Wahl ist einfach: Lasst uns den Weg des Friedens gehen. Lasst uns im Frieden für immer blühen. Lasst uns tanzen und lachen und Millionen schöne Dinge machen im Sieg des Friedens.

# Krieg ist keine Alternative

All die Bilder, all die Bücher, all die Geschichten von den fiesen Kriegen und dem Leid, das sie über uns Menschen brachten. Aber schaue ich mich heute um, dann rennen wieder viel zu viele den Hetzern der Gewalt hinterher. Rechte, Linke, Fundamentalisten haben das letzte Jahrhundert mit Gewalt übersät. Nur ein Narr kann noch daran glauben, dass irgendetwas friedliches in denen steckt.

Weltkrieg, Konzentrationslager, Bombenhagel: Es ist nur ein paar Jahrzehnte her. Unser ganzen Land wurde wegen einer kranken Ideologie zerstört und Millionen unseres Volkes fanden qualvoll den Tod. Diese Woche mache ich die Nachrichten an und wieder wollen dreißig Prozent genau die Art Partei wählen. Fragst du sie warum, dann sagen sie dir, dass sie eine Alternative für das Land wollen. Wie dumm können die sein? Die Geschichte beweist, dass diese Alternative in den Krieg führt? Wollt ihr das denn? Wollt ihr wieder den totalen Krieg und zusehen, wie Freunde und Familie sterben?

# Gammler

Wie willst du gammelnd die Welt retten?

Der dritte Weltkrieg klopft an die Eingangstore. Der Klimawandel droht uns auszutrocknen; Stürmen und Fluten uns zu überschwemmen. Dann ist da noch die Schere zwischen arm und reich, die größer ist als je zuvor und uns auseinanderreißt.

Du zockst. Du säufst. Du feierst und du fickst, falls sich eine passende Gelegenheit dafür bietet. Das ist dein Lebensstil und dieser vereint dich mit Millionen Individuen in den Großstädten, die sich entfremdet fühlen.

Du hast so viel Macht. Du hast so viele Möglichkeiten, etwas gutes zu tun. Du allein zusammen mit den anderen Großstädtern könntest die Welt von ihren Problemen befreien. Doch du zockst lieber. Du säufst. Du feierst und du fickst, falls sich eine attraktive Gelegenheit bietet. Das ist alles, was du tust und dann wunderst du dich, dass die Welt zu Grunde geht. Dabei ist es dein Lebensstil, welcher die Zukunft der Kinder auffrisst.

# Konsumtod

Eine Kultur des Friedens oder eine Kultur des Konsums?
Wer fleißig konsumiert, ist sicher kein Kriegskind und er tut gutes fürs BIP. Aber bloßer Konsum ist nicht die Quelle des Friedens; dafür ist er die Wiege des Stumpfsinns.
Stumpf vom Überangebot. Stumpf von einer Million Produkte. Stumpf von den endlosen Möglichkeiten, die Freizeit zu gestalten. Abgestumpft übersehen wir die Zeichen des Krieges, wie sie sich zurück in die Mitte unserer Gesellschaft schleichen. Dann sind sie da und keiner hat mehr die Kraft gegen die Macht des Krieges aufzustehen, denn wegen des Konsums wurden alle zu bequem.
Vielmehr wäre nicht zu sagen zu diesem Wahren, außer das es gerade geschieht und sich schon die ersten Konsumlandschaften in Orte des Krieges verwandeln. Einst dem stumpfen Konsum von Burgern, Klamotten und Rum ergeben, konsumieren sie jetzt den Hagel von Raketen und Granaten und begraben die frischen Leichen.

# Alles

Wir haben alles, was wir brauchen. Wir müssen es nur gebrauchen. Dazu müssen die Schlauen auch die Fleißigen werden.
Jahrhunderte hat unsere Spezies geforscht. Jetzt sind wir soweit. Es ist alles bereit. Wir müssten nur zugreifen.
Warum tun wir es nicht? Worauf warten wir noch?
Wir könnten ihn aufbauen. Wir könnten noch in diesem Leben dem lebendigen Weltfrieden ins Gesicht schauen.
Zu viele zögern. Zu viele zweifeln. Zu viele wollen sich nicht von den Zerstreuungen losreißen. Zu viele glauben nicht. Zu viele wissen es nicht.
Lasst uns ihnen das Licht des Friedens zeigen. Lasst uns ihnen die Wahrheit sagen, dass er möglich. Lasst uns ihnen Hoffnung geben, damit sie endlich aufstehen und loslegen.
Er könnte da sein. Er könnte wahr sein. Er könnte uns anlachen. Er könnte Hoffnung schaffen. Denn der Frieden ist ein Menschen gemachtes Kind. Denn der Frieden könnte auferstehen. Denn er könnte Wirklichkeit werden. Wartet nicht, sondern führt ihn ins Licht!

# Zeitfresser

Augen zu und durch, wird schon schiefgehen, denkst du dir, stülpst das Shirt der NGO über und schnappst dir dein Schild. Fri3den steht drauf.
Rauszugehen und zu demonstrieren. Einzustehen und zu marschieren mit dem Strom der Pazifisten über Berlins Straßen, damit jede:r euch sehen kann und die ganze Republik hört, wie du für mehr Frieden grölst. Zu wenige zeigen sich. Zu wenige wehren sich gegen die Kräfte, die Hass säen und hetzen gegen alles, was anders ist. Es ist egal ob es Nazis oder Fundamentalisten in ihren Moscheen sind, die dazu aufrufen alle Andersdenkenden zu lynchen. Zu viele tun so, als ob es sie nicht tangiert. Zu viele wählen den Biedermeierweg. Aber wenn es so weitergeht, dann werden sie hart erwachen in echten Straßenkämpfen, Bürgerkriegen und zwischenstaatlichen Konflikten. Dabei hätte ihre Stimme vielleicht ausgereicht, den Frieden zu sichern und die Welt zu retten, aber sie haben sich verkrochen, als noch Zeit genug war, die Welt vorm Krieg zu retten.

# Das Lied vom Tod

Der Wind spielt ein Lied im Tal des Todes. Die Panzer rollen über die sandigen Dünen und ihr Rattern gibt den Trommelschlag. Die tausenden Füße der Soldaten sind die Hihats eines kruden Schlagzeug.
Lieder voll von Gewalt. Märsche um die Kolonnen gegeneinander zu führen. Die Charts sind voll von Männern und Frauen, welche in ihren Songs Klick Geräusche machen, um nachzuahmen, wie sie mit einem Automatischen ihre Feinde erschießen.
Heilt Musik nicht? Doch heile Musik heilt. Aber sie spielt auch Todeslieder. Schlimmer noch sie verführt wie die antiken Sirenen zu Mord und Gewalt.
Heilt Musik nicht? Nur heile Musik heilt. Musik voll von Gewalt, erzeugt Gewalt. Musik, die zum Mord aufruft, führt zu Mord in der realen Welt. Musik ist reine Macht. Jeder Mensch wird bei ihr schwach. Sie kann töten, morden und Rap kann Männer zu brutalen Vergewaltigern machen. Und Musik kann heilen und versöhnen. Musik kann die Samen der größten Liebe säen.

# Narzissen

Wenn sie träumen, dann von ihrem Besitz. Wenn sie schwärmen, dann von ihren Erfolgen. Alles dreht sich nur um sie. Kleiner goldener Narziss. Egos größer als der Himalaya.

War nicht er auch so, der mit dem Haarscheitel und schmalen Oberlippenbart? Waren sie nicht alle so, die "großen" Könige und Kriegsherren? Für ihren Ruhm, für ihren Erfolg und ihren Besitz mussten die Heere aufmarschieren. Dann schlugen sie sich tot und schrie und kreischten, wenn sie blutend am Boden lagen. Aber die "Großen" standen auf dem Hügel in ihren aristokratischen Zelten oder warteten in ihren Burgen oder Bunkern, dass ihnen jemand Kunde bringt, wie es mit ihrem Ruhm vorwärtsgeht.

Hunderte Millionen sind gestorben wegen dieses Wahns. Hunderte Millionen verloren ihre Arme oder Beine oder schlimmer noch: ihre Verstand. Wie lange noch, fragt sich jede geistig, gesunde Seele? Wie lange noch bis wir die Narzissten von allen wichtigen Posten in unseren Gesellschaften ausschließen?

# Wege

Kein Weg, der nicht zum Frieden führt und doch versinken wir im Krieg. Warum? Weil wir nicht ehrlich zu uns sind. Weil wir nicht die Dinge tun und die Sachen sagen, die Frieden hervorbringen.
Die nackte Wahrheit heilt. Die Wahrheit führt ins Himmelreich. Die Wahrheit befreit von den Lügen der Kriege, mit denen sie uns erzählen, Hass könnte wirklich zum Sieg führen. Die Wahrheit ist eine Waffe in den Händen beider Seiten. Aber lasst uns nicht streiten und beide Seiten vereinen. Denn im wahre Frieden werden selbst die Kriegstreiber spüren, dass es der bessere Weg ist.
Viele Wege führen nach Rom, aber mehr zum Frieden und dennoch ist der Frieden in zu vielen Regionen instabil. Denn die Menschen marschieren auf den Wegen des Krieges, weil sie glauben, Hass und Gier könnten ihnen Frieden bringen. Aber die Wahrheit ist, ihr Weg wird sie zerstören und am Ende werden sie alles verlieren, mehr als nur den Frieden.

# Konventionen

Gassen wie diese in Berlin gibt es sehr viele. Junge Menschen fließen auf ihnen wie die Blätter im Fluss, wenn der Herbstwind sie vom Aste fegt. Modenschau. Fleischbeschau. Catwalk einer Stadt, in der jede:r nach Aufmerksamkeit lechzt.
Alle vergleichen und weichen so ihre Selbstliebe auf. Erfülle ich die Standards gemacht von den sozialen Medien oder bin ich zu schwach?
Hier und da ein paar Denkmäler, die einladen könnten hinter die Oberfläche zu schauen. Aber sie werden degeneriert zu Motiven für. Selfiebilder
Gassen wie diese, gibt es viele. Von New York bis Tokio. Von Johannesburg bis Malmö. Menschen, die zeigen, wie passend sie sind. Aber niemand tanzt. Nur ein paar Verrückte hier und da schwingen das Tanzbein. Denn alle anderen sind zu sehr gefangen von ihren sozialen Konventionen und den Bildern in ihren Köpfen, die sie glauben, erfüllen zu müssen. So sind sie die Opfer geistiger Filter statt Tänzer in einer freien Welt. Und ja wie jeder gute Schreiber mahne ich und erinnere an die Zeit als hier auf dieser Gasse in Berlin die soziale Konvention das Hakenkreuz war. Auch damals hat niemand frei getanzt. Was hat es uns gebracht?

# Wunder

Es ist ein Wunder, wenn wir morgens aufstehen und
uns die Sonne ins Gesicht scheint. Noch liegen keine
Blumensträuße auf unserem Grab. Noch atmen wir
nicht die Luft eines verheißungsvollen Lebens.
Das Leben ist ein Geschenk. Es ist das größte Wunder
im gesamten Universum. Wir sind die Beschenkten
und wir sind ein Wunder, denn wir leben.
Nutzen wir unsere Leben und werden wir zu
bewussten Wundern. Lasst uns Glück verschenken
und Lächeln in die Gesichter der anderen zaubern.
Lernen wir mit vollem Herzen zu lieben und Frieden
zu weben mit jeder Tat.
Weil das Leben ein Wunder ist, bist du ein
Wunderkind. Weil das Leben ein Geschenk ist, bist du
der reichste Mensch der Welt. Weil du geboren bist,
liebe ich dich.

# Angst

Krumm oder gerade die Nase war ihre Marke, um zu werten. Sie zählten die Art der Ahnen und fragten, wer wahrhaft arisch war. Dann kam die Gewalt. Sie machte vor keinem halt. Die einen starben in Lagern, die anderen im Bombenhagel. Ein Land im Hass ist abgebrannt, weil der Hass jeden verzehrt, der sich ihm hingibt.

Es begann mit Ängsten im Herzen eines hässlichen Mannes mit komischem Oberlippenbart. Aus Angst wurde Hass und der Wahn, Führer einer Herrenrasse zu sein. Was folgte war Krieg und ein ganzer Planet, welcher an den Folgen erstickt. Weil er vor seinen Gefühlen kapitulierte, sich nicht seinen Ängsten stellte und schwächlich war und dem Hass nachgab, brannten ganze Kontinente ab.

Es folgte die Wende aus dem heißen Krieg wurde ein kalter. Die Morde wurde weniger und präziser. Aber noch immer war es Angst, welche die Führer beider Blöcke gefangen hielt. Ihre Angst machte sie schwach und paranoid. Nur knapp sind sie dem Atomkrieg entgangen.

Heute ist es nicht anders. Hass, Angst und natürlich grenzenlose Gier lodern in den Führern der Länder. Wir gaben ihnen Macht, aber sie sind schwach und nicht einmal Herr ihres eigenen Hauses, sondern sie sind die Sklaven ihrer unkontrollierten Gefühle und blinder Triebe ihres Stammhirns.

# Bis zum letzten Atemzug

Noch lebe ich. Noch kann ich etwas bewegen. Es ist erst zu spät, wenn der letzte Odem ausgehaucht. Es ist erst vorbei, wenn ich gebrochen im Altersheim sitze. Aber dieser Tag ist noch nicht da. Noch bin ich stark und habe ein Herz mit kochendem Blut.
So will ich aufstehen und mich erheben. So will ich alles geben und noch mehr. Wofür fragt ihr, weil ihr Narren seid. Frieden ist die Antwort. Denn es gibt nichts edleres und schöneres in der Welt. Frieden ist die Krone allen Daseins.
Mag mein eigen Blut kochen und mein Wille wie Lava brodeln. Alles will ich geben für den Frieden. Ich will danach streben, dass jeder meiner Atemzüge Frieden mit sich führt. Mit jedem Gedanken, jedem Wort und jeder Handlung will ich Frieden sein. Denn solange ich noch lebe, habe ich Zeit.
Solange ich noch atme, kann ich noch etwas bewegen. Solange ich noch bin, besitze ich Möglichkeiten.

# Fragen im Wind

Am Ende der Welt steht Gewissheit. Am Ende deines Lebens wirst du es wissen. Doch noch sind wir mittendrin. Noch ist alles ein Glücksspiel. Noch gibt es Billionen Möglichkeiten und Varianten. Noch kann alles geschehen und das Paradies blühen oder die Welt untergehen. In der Kugel der Jahrmarkthexe, in den Karten und Runen, im alten Orakel, in den Linien deiner Hand oder den statistischen Hochrechnungen; überall versuchen die Menschen die Zukunft zu lesen, die da kommt.

Denn was wird dann geschehen? Wird Krieg uns alle wegfegen oder Frieden uns belehren, glücklich zu sein im Sonnenschein? Was kommt, wird kommen. Gebaut aus den heutigen Taten. Heute entsteht das Morgen.

# Naturwunder

Wenn funkelnd rot die Sonne untergeht, dann weiß ich, was Schönheit ist. Ihre Strahlen geben mir das Gefühl zu leben. In solchen Augenblicken glaube ich, nichts könnte meine Lebensfreude trüben. Es sind diese Momente, wenn ich übers frisch gemähte Feld gucke, wie die letzten Sonnenstrahlen den Himmel bemalen und die Wolken von orange bis gelb strahlen, in denen ich glaube, im Paradies zu sein.
Aber die Realität holt mich ein. Sie holt uns alle ein. Denn jede:r nährt sich an den Wundern der Natur und vergisst für einen Moment wie hart das Leben auf der Erde ist.
Es ist so, wenn der Bach fließt oder am Meer die Gischt sprießt. Wenn die Bienen im Sommer friedlich summen oder im Winter auf weiter unberührter Flur ein Reh unsere Sicht kreuzt. Wenn die Vögel wieder singen nach dem langen Winter und die Blumen blühen. Wenn die Wolken Formen bilden, die unsere Fantasie anregen und in den Himmel heben. Wunder der Natur, die wie Flügel des Friedens sind.

# Morgen

Die Kinder von heute lachen, während die Kinder von gestern weinten. Was werden die Kinder von morgen tun?

Die Welt kann im Frieden strahlen. Heute wie vor tausend Jahren haben wir Menschen Herz und Verstand genug dafür. Heute und vor tausend Jahren tun wir nicht genug dafür. Mit jedem Schritt, da unsere Waffenlevel steigen, wächst die Gefahr, dass es die Kinder der Zukunft nicht mehr gibt.

Ein Knopfdruck und schon sind alle Menschen fort. Manch rote Koffer und geheime Codes schwirren in der Welt herum in den Händen weniger Männer.

Was sehen die Kinder von morgen? Ist ihr Morgen geprägt von grenzenlosen Sorgen oder können sie lachen mit tausend Spielsachen?

# Gift!

Wir stehen jeden Morgen auf und sehen, wie die Welt brennt. Es ist nicht mehr nur das ideologische Feuer des Faschismus und des Kommunismus, welches unsere Leben bedroht. Die Welt brennt wirklich lichterloh. Es sind nicht mehr nur die Bomben der Fundamentalisten, die uns an jedem Tag bedrohen. Jeder Atemzug und jeder Schluck Wasser wird zu einer Gefahr. Die Wälder brennen in allen Ecken der Welt. Von Sibirien bis Australien verbrennt die Welt. Ganze Regionen verlieren ihr schützendes Grün und werden dadurch noch anfälliger für den nächsten Feuersturm.
Im Wasser steckt die Mikroplastik. Die Luft ist voll vom Smog. In jedem Schluck Wasser und jedem Atemzug lauert giftige Gefahr. Seht wie die Menschen mancher Länder sterben wie Fliegen, weil ihre Luft und ihr Wasser so giftig sind.
Es wird keinen Frieden geben, solange wir zulassen, dass blöde Produktionsverfahren unserer Gesundheit schaden. Solange wir nicht für eine sichere Umwelt kämpfen, solange müssen wir damit rechnen, zu verbrennen oder am Krebs aus Luft und Wasser elend zu Grunde zu gehen.

# Gedichte und Lieder

Ein Gedicht des Friedens auf den Lippen der Dichter.
Die Friedenslieder entspringen dem Chor aus
Mädchen und Knaben, während Tauben und
Friedensraben unsern Traum vom Frieden in den
Himmel tragen.
Sie lachen und spielen mit Spielsachen. Nur im
Frieden können sie lachen. Nur im Frieden können sie
sich am Glück laben. Nur im Frieden wird aller
Wohlstand wachsen. Nur der Frieden bringt die
schönsten Gaben. Nur dem Frieden dienen meine
Taten.
Wieder wird ein Gedicht für den Frieden geschrieben.
Wieder singen die Kinder vom Frieden. Wieder
spielen die Tiere auf friedlichen Wiesen. Wieder bist
du glücklich gewesen, denn nichts trübt deine Sicht.
Weil dein ganzes Leben strahlender Frieden ist und
alle sich harmonisch verstehen.

# Zwei Fragen

Das Leben ist heilig. Frag jedes Wesen, ob ihnen ihr Leben heilig ist. Alle werden mit ja antworten.
Jedes Wesen will leben und wir alle wollen Frieden. Denn Gewalt ist doof und blöd. Keiner will Gewalt. Frage jedes Wesen, ob es will, dass ihm jemand echte Gewalt antut. Alle werden mit nein antworten.
Wir sehen, wir haben viel gemein. Wir verstehen, dass uns das vereint. Wir erkennen, in diesen Antworten sind wir alle gleich.
Schauen wir uns an, falls wir sehen können. Hören wir uns zu, falls wir hören können. Schließen wir uns einander ins Herz wahrer Liebe.
Der Traum vom Frieden lebt in jedem Wesen, denn jedes Wesen will glücklich leben. Der Traum vom Frieden kann in unserer Welt leben. Denn wir alle wollen ihn, weil wir alle sicher leben wollen. Kein geistig gesundes Wesen will erschossen werden. Doch das passiert im Krieg mit Gewehren und Raketen. Aber wenn das keiner will, warum hören wir nicht einfach auf und machen Frieden draus.

# Friedenslicht

Die Fackel des Friedens reist um die Welt. Millionen Hände werden sie tragen und sie wird in Milliarden Herzen ein Feuer entzünden. Denn wie das Licht der Sonne strahlt das Friedenslicht und erleuchtet die Welt.

Das Licht des Friedens nährt wie die Sonne am Himmel. So wie die Pflanzen auf den Wiesen und Feldern blühen, weil das Sonnenlicht ihnen Kraft schenkt. So blühen wir Menschen, wenn uns das Licht des Friedens nährt. Wie erblühen wie die schönsten Blumen, solange Frieden ist. Dann entfalten wir uns, wie es sonst unmöglich scheint. In uns sprühen die Funken der Kreativität. Wir erschaffen und kreieren. Bilder, Kleider, Filme und wunderschöne Lieder entspringen unseren zarten Seelen und erfreuen alle Herzen der Welt.

Der Frieden ist unser Sonnenlicht. Der Frieden nährt uns mit seinen warmen Strahlen. Der Frieden lässt uns aufblühen und in bunten Farben strahlen.

# Unaufhaltsamer Strom der Zeit

Zeit rennt und wartet nicht auf uns. Der Geist spinnt und baut neues Kriegsgerät. Unerwartet kam das Gas im Ersten über viele Menschen. Unerwartet flogen die Bomber im Zweiten. Die Zeit schreit und will nicht den Dritten schicken. Aber Schnarchnasen werden immer von der Wahrheit überrannt. Deshalb wacht endlich auf! Kriegt euren Arsch hoch. Denn die Zeit wartet nicht auf euch, sie überrennt jene, die sich nicht weise vorbereitet haben.

Aufstehen und die Wahrheit sehen, dass muss euer neues Leben sein, falls ihr nicht wie die Menschen im Ersten und Zweiten überrascht werden wollt von den mordlüsternen Horden. Die Irren spinnen immer und verführen. Gierige wollen immer mehr Land besitzen und die Menschen kontrollieren. Jeden Moment, den ihr faul seid, nutzen sie. Jeden Augenblick, den ihr euch ausruht, bereiten sie sich darauf vor, euch zu überrennen, euch zu versklaven, euch all dessen zu berauben, was ihr besitzt und jeden zu terrorisieren, den ihr liebt. Das ist die Wahrheit. Das ist die Welt. Macht euch bereit!

# Giftmorde

Giftmorde sind seit neuestem wieder in Mode. Auch wenn es bisher nur im Land des derzeitigen Kriegshetzers im hohen Norden gilt. Mode hat die Eigenschaft, um sich zu greifen. Der Kriegshetzer macht es vor und mordete schon bei uns feige mit Gift, falls ihm jemand aus der Heimat unbequem war. Lange waren wir gesegnet von der Weisheit, wie falsch der Mord ist. Doch die Hetzer sind zurück. Mehr und mehr weichen sie die Grenzen auf und predigen Gewalt über den Weg der Angst. Ja, es fiel den Demagogen immer leicht, die Menschen mit ihrer Angst zu verführen. Billige, größenwahnsinnige Parolen betäuben unselige Angst für einen Moment und die Zuhörer werden wie Junkies, die um den nächsten Schuss dumpfer Parolen betteln. Ist der Mord zurück, bedroht er dich. Du kannst ihrem Pfad folgen und dich bewaffnen und dem Kreislauf der Gewalt neuen Zündstoff geben. Oder du kannst den langen Weg der Weisheit, der Aussöhnung und des Verstehens gehen. Er ist der einzige der Gewalt und Mord wirklich besiegen kann. Dieser Weg ist die einzige Rettung vor den Mördern.

# Traumhaft friedlich

Dort wo Träume enden, beginnt der Weltfrieden. Dort wo Alpträume Wirklichkeit werden, beginnt der Krieg und bringt Folter, Hass und Vergewaltigungen mit sich.

Wir Menschen sind die Kinder unserer Träume. Sie schäumen in uns und wollen raus. Wir Menschen sind nur die Produkte unserer Ideen. Manche sind bewusst, aber viele lauern unter der Schwelle des bewussten Wahrnehmens und drängen an die Oberfläche. Wir sind Träumer; eine Spezies voller Träumer.

Träume können wahr werden. Bewundern wir nicht jene, die ihre Träume wahrmachten oder ein Leben lebten, wie jenes, wovon wir heimlich träumen?

Leben oder träumen wir? Sind wir wirklich da oder sind wir nur die Emanation des Träumers in uns? Sind wir die Seifenblase, die kurz vorm Zerplatzen ist und den Blick auf die nackte Realität preisgibt?

# Geschichtsbücher

Zurückschauen, um die Kriege zu sehen.

Schlag sie auf die Geschichtsbücher. Sieh dir die historischen Dokumentationen an. Der Krieg steht in allen an vorderster Front. Zehntausend Jahre Krieg liegen hinter unserer Spezies. Es ist Zeit, dass endlich zehntausend Jahre Frieden vor uns liegen.

Schau dir die Bilder an. Sieh dir die Relikte an, die sie in den Museen ausstellen. Grauenvolle Waffen zum Morden. Kanonen und Schwerter um Menschen zu töten. Das Gesicht des Krieges zeichnet das Bild, welches wir Menschen von der Vergangenheit gewöhnt sind. Es ist Zeit für ein neues Bild. Es ist Zeit, dass sich etwas vorwärtsbewegt. Es ist Zeit für Museen, die den Frieden zeigen. Es ist Zeit für das Bewusstsein einer besseren Weise und Relikten, die zeigen, wie viel wir uns geholfen und uns gegenseitig wertgeschätzt haben.

# Warum?

Wer auch immer sieht, dass er etwas gutes tun könnte und zögert, begräbt sich selbst. Wir werden alle bereuen. Ich werde jede Chance bereuen, die ich vergeudet habe, die ich ungenutzt verstreichen ließ, als es möglich war zu helfen oder anderen zu nützen.
Es geht dabei nicht um das Ego und doch gewinnt es auch. Unterschätzt das nicht und vor allem vergesst das nicht, falls euch jemand sagt, dass es euch nichts bringt, anderen zu helfen. Es gibt euch innere Zufriedenheit. Es gibt euch das echte Gefühl, etwas bewirken zu können. Es gibt euch Erfüllung. Es wärmt euer Herz.
Doch das Ego ist es nicht, worum es geht. Es geht noch nicht mal darum, etwas gutes zu tun und damit eine Gesellschaft zu begründen, die oft hilft, um dann selbst Hilfe zu bekommen, wenn ihr sie braucht. Das ist gut, toll und wichtig. Doch es geht in erster Linie nicht darum. Worum es geht, ist das andere Wesen, das leidet und nicht weiß oder nicht kann oder gefangen ist oder erschöpft und sich nicht selbst helfen kann. Diesem Wesen zu helfen, sein Leid zu beenden und wieder glücklich zu sein, darum geht es. Und natürlich ist das der Weg zum Frieden.

# Träumer

An jedem Tag könnte der Traum vom Weltfrieden wahr werden. Die Zweifler, Kritiker und Paranoide zweifeln, dass es ihn wirklich geben kann. Aber sie zweifeln nicht am Weltfrieden, sondern sie zweifeln an sich selbst und an den Herzen ihrer Mitmenschen.
Ich glaube an uns. Ich glaube, dass die Güte und Liebe in unseren heißen Herzen ausreicht, um wahrhaft und weltweit Frieden zu leben und zwar ohne Grenzen oder Einschränkungen. Ich meine wirklich, dass wir das könnten. Ich bin überzeugt, dass wir dieses Potential besitzen. Manche schimpfen mich Narren, andere Utopisten und die meisten nennen mich naiven Träumer. All das stimmt. Jedes ihrer Worte ist wahr. Doch das ändert nichts an dem Fakt, dass in uns Menschen die Macht ruht, den weltweiten Frieden zu erschaffen.

# Scheiß Nazis!

Noch gibt es Hoffnung. Denn noch ist der Krieg nicht da. Die Kriegshetzer werden zwar stärker, aber noch sind wir in der Überzahl.

Ja, es stimmt, die Wahrheit ist hart. Es schmerzt zu realisieren, wie nah Deutschland wieder am Krieg steht. Denn hundert Jahre nach dem Hitler Putsch, dem ersten Versuch dieses Mannes Deutschland zu unterjochen, wollen ein Fünftel des Landes eine Nazipartei wählen. Was Nazis immer tun? In den Krieg führen! Denn ihr Hass kennt nichts anderes als den Pfad, der in den Krieg führt. Krieg ist die Inhärenz ihrer gesamten Politik.

Aber noch ist Zeit, die Kriegshetzer zu besiegen. Noch haben wir Spielraum, die Nazis zu verbieten. Noch haben wir Möglichkeiten, uns nicht von ihrem Hass das Leben vermiesen zu lassen. Noch haben wir den Freiraum, offen gegen Nazis auf die Straße zu gehen.

Nazis machen Krieg, das ist ein Naturgesetz, so wie die Sonne am Morgen aufgeht. Wer Nazis wählt, will dass die Bomben wieder über uns fallen. Wer Nazis wählt, will dass die Grenzen geschlossen bleiben; keiner von uns darf dann mehr in den Urlaub reisen. Wer Nazis wählt, will dass wir alle ausgespäht und total überwacht werden. Wer Nazi wählt, will dass wir alle sterben. Wer Nazis wählt, will dass unser Volk untergeht. Wer Nazis wählt, hat einfach aus der Geschichte nichts gelernt, um wie viel schöner der Frieden ist.

# Hohle Birnen

Der Stumpfsinn wird uns nicht retten, er war es auch, der uns Menschen immer wieder in die Scheiße reißt. Die Natur, Gott oder das Universum haben uns diesen großartigen, auf dem Planeten einzigartigen Verstand gegeben, aber die meisten Menschen nutzen ihn nicht. Sie sind wie Leute, welche mit einem Rennwagen im ersten Gang ständig im Schritttempo fahren.
Wir sind verdammt klug und sogar extrem intelligent. Wir machen nichts draus. Wir lassen unser Potential einschlafen. Unser Geist ist eine Maschine. Wir sind alle große Denkfabriken. Aber wir laufen im Leerlauf. Dummheit und Stumpfsinn wehen in den Köpfen der Mehrheit und dann wundern sie sich, warum sie unglücklich und gelangweilt sind.
Unser freie Geist besitzt die Macht, den Frieden zu erschaffen. Der einzige Grund warum der Weltfrieden noch nicht da ist, ist, weil wir denkfaul waren. Unser Kopf könnte ihn einfach erdenken und dann wäre er da und wahr. Doch wir sind stumpf und faul. Wir lassen zu, dass wir zu hohlen Köpfen werden und dann heulen wir und leiden und weinen, weil alle sich misstrauen und wehtun und leiden.

# Faule Lügen

Das jüngste Gericht wartet hinter den Atompilzen.
Seid ihr bereit euch eurem Schöpfer zu stellen oder
wollt ihr endlich aufwachen und etwas für den Frieden
wagen?
Wie immer und jedes mal kommt der Krieg, wenn die
Mehrheit sich dem Müßiggang hingibt, statt nach dem
Frieden zu streben. Das war die Wahrheit im alten
römischen Reich und es ist heute genauso. Noch in
tausend Jahren wird das die absolute Wahrheit sein.
Will ich euch damit vorwerfen, dass weil ihr euch
besauft und ihr ständig Serien und Filme schaut, seid
ihr Schuld am nächsten Krieg. Sieht so aus, als hättet
ihr mich endlich durchschaut. Ist das meine Meinung?
Nein! Das ist ein Naturgesetz.
Faulheit schafft Streit. Gemütlichkeit füttert die
Kriegshetzer. Oberflächlichkeit übersieht die
Warnsignale, die dem Krieg vorausgehen. Chillen lässt
zu, dass die Kriegsparteien an Macht gewinnen. Tut
nichts und ihr werdet im Krieg aufwachen. Strebt
eisern nach dem Frieden und ihr habt wirklich eine
Chance, zu überleben.

# Heile Welt

Blühende Felder und lachende Kinder. Diese Vision spielt in meinem Geist. Eine heile Welt, in der alles funktioniert und jeder füreinander da ist.
Plastik im Essen verursacht Krebs. Tabak und Smog fressen die Leben. Minenfelder verwandeln das Land in eine tote Mondlandschaft. Das ist, was das Fernsehen zeigt und es ist leider die Wahrheit unserer kaputten Welt.
Heile Welt; heile! Ich beschwöre euch Menschenvolk: heilt euch! Eure Herzen bluten und eure Gedanke sind paranoide Tunnel. Sorgen und Zweifel sind eure besten Freunde und eure Familie zerbröckelt wie ausgetrockneter Sand.
Heilt, denn ihr könnt heilen. Heilt, denn ihr müsst heilen. Heilt, denn andere brauchen euch zum Heilen!

# Todeszweifel

Wenn der Zweifel im Herzen gewinnt, dann gewinnen auch die Schmerzen, die sich wie ein wilder Ozean über die Welt ergießen. Wir haben es in der Hand und wir haben es immer in der Hand gehabt: unser Schicksal und das Schicksal unserer Welt.

Weil zu viele an ihrer Kraft und ihren wahren Herzenswünschen zweifeln, deshalb muss die Welt leiden. Nur die Irren glauben und nur sie trauen sich, den Wahn ihres Geistes aufzubauen. Und dann staunen wir wieder, wie ein kleiner dummer Mann mit hässlichem Bart, die Welt in Trümmern legte. Viel hatte er nicht außer seinem Glauben. Das ist alles, was den Guten fehlt, um eine heile Welt aufzubauen.

Wie ein guter Geschäftsmann verkauft euch der Zweifel jeden Morgen Angst und Wankelmut. Er nährt euch mit seiner giftigen Brut, dass ihr es nicht könnt oder schlimmer noch, dass ihr nicht gut genug seid. Vertreibt ihn und fangt an zu glauben. Glaubt an den Traum. Glaubt an euer Herz. Verwandelt die Welt!

# Pilzköpfe

Bomben fallen. Raketen fliegen. Blöcke bilden sich. Wir sind genau da, wo wir vor vierzig Jahren waren. Als ob sich nichts verändert hätte? Natürlich hat sich was verändert: Wir haben jetzt viel bessere Waffen als damals und nicht zu vergessen wir haben den Klimawandel. Der tickt schlimmer als eine Bombe und sägt an dem Ast, auf dem wir sitzen. Heißt das, wir stehen noch beschissener da als zur Zeit der Kubakrise? Jap. Das ist die hart geklopfte Realität. Wir sind am Arsch. Wir rasen auf den Abgrund zu und alles was die meisten tun, ist Business as usual. Machen sie weiter wie bisher, wird unser Land kollabieren. Dass die Linken und Rechten es wieder zerreißen wollen, ist noch nicht mal unser größtes Problem. Es sieht schlecht aus Leute. Aber immerhin habt ihr Spaß und nette Einkäufe in den Einkaufstempeln, die überall wie Pilze aus dem Boden schießen.

# Viele Hände

Die Gefängnisse sind überfüllt. Die Zellen bersten. Das Verbrechen boomt, weil der Staat falsch investiert. Eine zerrüttete Gesellschaft weiß nicht, wohin mit ihren Kräften und zerfällt. In ihr keimen die Samen der Gewalt. Der Boden neuen Terrors wird in ihnen gedüngt.
Wenn wir Frieden wollen, dann müssen wir eine geistig gesunde Gesellschaft erzeugen. Das beginnt mit Suchtprophylaxe und endet mit tollen Straßenfesten, auf denen sich die Menschen begegnen und lernen sich in den Arm zu nehmen.
Wir werden heil, indem wir uns gegenseitig heilen. Diese kleine Weisheit ist wahres Sein. Solange jede:r nur an sich denkt, werden wir alle am Ende flennen. Solange jede:r nur ihren Vorteil sieht, nähern wir uns dem nächsten Krieg. Denn die Wahrheit ist: Der Frieden ist ein Gemeinschaftskind. Er wächst in den Herzen vieler, die beherzt sich die Hände reichen und gemeinsam hinüberschreiten in eine bessere Zeit.

# Kampf und Streit

Ja, wir müssen um den Frieden kämpfen. Naive mag das überraschen. Es mag sie irritieren, womöglich sogar verstören. Aber den Frieden gab und gibt es nicht auf dem Silbertablett und wir werden ihn auch in Zukunft nicht geschenkt kriegen.

Wir müssen uns den Frieden holen. Wir müssen uns den Frieden erarbeiten. Wir müssen uns den echten Frieden womöglich sogar erstreiten und um ihn kämpfen. Denn der Frieden, in dem ich lebe, wurde mit großem Blutzoll bezahlt. Er kam nicht über Nacht. Die nackte Wahrheit ist, dass Kriegshetzer Millionen umbrachten, bevor wir ihnen den Frieden abrangen.

Zu glauben, dass mit einigen Blümchen und Plakaten der Frieden zu schaffen und zu behalten ist, wäre schön. Es wäre mein Traum, denn es würde bedeuten, dass wir Menschen endlich rationale Wesen geworden sind, die der Vernunft und der Einsicht folgen. Aber ich bin ein Lehrer inmitten dieses Deutschlands. Aus Gegenwart und Vergangenheit muss ich euch verraten, dass es nicht so ist und es nicht den Eindruck macht, als ob es bald so werden würde. Gerade wir Deutschen sind zuerst einmal getrieben von unseren Ängsten und ich glaube wirklich, es war in erster Linie unsere grenzenlose deutsche Angst, die uns in zwei Weltkriege trieb.

Unsere Angst ist stärker, einflussreicher und mächtiger als Ratio und Vernunft. Es wird bei den anderen Völkern da draußen nicht anders sein. Und solange wir von Angst getriebene Wesen sind, solange werden wir zum Krieg neigen, wenn wir wieder mal an den Stürmen der inneren Angst verzweifeln. Guckt der Wahrheit ins Gesicht: Wir werden Frieden haben, weil wir ihn uns erkämpft haben. So war es. So ist es. Mag es irgendwann besser werden.

# Flüchtende

Heilig ist das Leben. Es tut kein größeres Wunder auf diesem Planeten geben.

Dennoch verschwenden wir es und riskieren es bei jeder Sekunde und das schlimmste: Wir sehen weg, wenn andere es zerstören wollen. Das ist heute so bei all den Schlachthäusern für die Tiere und das war damals so bei den Lagern für die Juden. Solange es uns nicht tangiert, ist es uns egal. Aber das ist der Anfang vom Ende und es ist ein Trugschluss. Denn Gewalt ist eine Spirale und sie kreist uns langsam ein. Bei jeder Umdrehung kommt sie näher und dann ist es zu spät und wir werden selbst Opfer sein statt nur unbeteiligte Zuschauer.

Zu viele glaubten, wenn sie nur ruhig sind und sich schön an all die Regeln halten, dann würden sie verschont. Ihre Gräber sprechen eine andere Sprache. In ihren zerstückelten Leibern kleben noch die Reste der Todesschreie.

Reihe um Reihe stapeln sich die Leichen, derer die dachten, sie könnten sich vor der brutalen Realität verstecken. Aber die Wahrheit kam unerwartet und nahm alles. Mögen sie uns Beispiel sein, dass sich zu verstecken, nicht vor Gewalt bewahrt. Deshalb geht raus und macht was besseres draus.

# die Ernte der Felder

Minenfelder überziehen die halbe Erde. Gemacht, um Menschen zu töten. Vergraben, um zu stoppen. All das geschah im Krieg, was schon schlimm genug ist. Doch der Krieg endete.

Obwohl der Krieg endete, verschwanden die Minen nicht. Sie liegen noch immer da, manche seit vielen Jahren und warten. Kein Mensch weiß genau wo. Im Trubel des Krieges gab es keinen Plan und niemand der aufschrieb, wo er sie vergrub. Noch weniger gab es einen Schalter, um sie auszuschalten. Sie wurden einfach nur scharf gemacht und dann vergessen. Bis heute liegen sie und warten wie eine fleischfressende Pflanze auf eine Fliege. Manche müssen nicht länger warten. Denn es nähert sich total unbesorgt das Opfer. Mit seinen kleinen Füßen krabbelt es über die Erde und läuft hinter einem bunten Ball her. Es lacht. Es spielt. Es freut sich, denn alles ist wunderschön. Bis es knallt. Dann wird das Kind schreien und bis an sein Lebensende weinen. Denn die Mine zerreißt ihren Leib und lässt sie ohne Beine zurück. Nur Stummel bleiben und das Leiden.

# Liebe

Tausend Küsse unter den Salven der Gewehrschüsse. Liebe gedeiht auch im Krieg. Doch es gibt keinen besseren Ort, an dem die Liebe wächst als der Frieden. Auch die Nazis liebten, bevor sie in den Krieg zogen, um alle zu erschießen, die anders waren als sie. Liebe ist von dieser Welt einfach nicht wegzukriegen. Lieben ist die Essenz des Lebens, ihre Wiege, ihr Schoß und ihr glückliches Los.
Liebe kann überall blühen. Liebe kann die Leben jedes Menschen küren. Denn Liebe hat so viele Gesichter. Es beginnt beim heißen Sex, der an unser aller Anfang stand, als sich Ei und Samen verbanden. Liebe gibt es zwischen Geschwistern, zwischen Kind und Eltern; generell ist die Familie ein Hort der Liebe. Dann gibt es die Liebe zu einem Hund, der dein bester Begleiter wird. Finde deine Liebe in den Wiesen, unter Bäumen und in den Bergen und Feldern. Sei auch offen für die Liebe in den Städten. Manchmal ist sie dort rau und schmutzig. Doch unter den harten, kalten Schalen schlummern weiche, empfindsame Herzen.

# Redefreiheit

Niemand hört, wie sie schreien. Doch sie schreien. Niemand spürt, wie sie leiden. Doch sie leiden. Allein. Eingesperrt. Vergessen. Käfige der Angst. Zellen des Grauens. Vorhöfe zum Schafott.
Die Todeszellen der Diktaturen sind voll von Männern und Frauen, die sich einfach nur trauten, zu sagen, was sie dachten. Sie konnten nicht länger zurückhalten, was ihr Herz ihnen riet. Es musste raus, denn sonst wären sie explodiert. Was sie zu sagen hatten, war nicht krank. Es ging nur um die gute Sache, wie das wir alle gleiche sind und jede:r das Recht haben sollte mitzuregieren. Doch sie hatten die Rechnung ohne den Wirt gemacht oder vielmehr die Henkermeister.
Das sind jene, die Macht haben über andere. Manche beherrschen Landstriche, andere ganze Kontinente. Sie halten die Macht fest und geben sie nicht her, selbst wenn sie dafür tausende und mehr zum Tode verurteilen müssen. Deshalb sind die Todeszellen voll von Weinenden und Greinenden. Denn die Freiheit der Gedanken ist der Feind jeder Diktatur.

# Laster im Zwielicht

Leere Straßen mit einsamen Fahrern. Lange Spuren und ewig lange Schatten. Das Scheinwerferlicht wirft voraus, was die Fantasie baut. Träume weben in den kleinen Nebeln am Straßenrand. Der Porno unterm Beifahrersitz. Die Koje mit Taschentuch bestückt, außer falls einer dieser Wohnwagen mit alten Nutten erscheint, dann wird es keine einsame Nacht sein.
Auf der Ladefläche Kisten mit Früchten und tausend anderen Sachen. Dahinter versteckt sich eine doppelte Wand. Abgeschirmt vor Wärme wegen der Polente. Ansonsten kahl mit Flaschen zum Pissen und Scheißen und ein paar Decken für die lange Fahrt.
Heute sitzen hier nur vier, manchmal sind es zehn oder mehr. Doch heute ist es nur diese Familie, bestehend ganz klassisch aus Vater, Mutter und zwei Jungs. Sie sind auf der Flucht. Es kostete sie ihren ganzen Familienschmuck. Sie waren einst reich. Bis der Krieg kam und ihnen die Heimat nahm. Dann wurden sie arm, weil sie alles für die Flucht gaben. Denn sie wollen weg vom Krieg in ein Land, in dem es Frieden gibt.

# Strudel

Schritte im Sand vom Wasser weggespült. Reflexionen von dir im Wasser, erzeugt von der Sonne Strahlen, brechen in den Wellen. Schnee, der den Engel im Schnee verweht. Wind, der dich zu den Sternen bläst.

Träume weben in den Weiden und Eichen. Die Wolken bilden friedliche Reiche der Endlosigkeit. Endlich bist du dem Göttlichen nah und fühlst dich wahr.

Der Strom reißt das Blatt davon. Es weinte nicht, als der Wind es vom Baume trug. Warum weinst du, wenn dein Tod geschrieben steht? Das Blatt erreicht den Ozean und löst sich langsam auf.

Hoch in die Luft spuckt der Geysir, getrieben von der Lava Kraft. Sie ist wie dein Blut, das in deinen Adern kocht. Deine Wünsche sind wie der Wind, der deinem Herzen tiefen Frieden bringt. Spring von der höchsten Klippe in den kalten Ozean und schwimm bis ans Ende der Welt.

# Eltern!

Wenn wir jeden Moment dem Frieden widmen,
können wir ihn unseren Kindern schenken. Aber
wenn wir nur einen Moment verschwenden, könnte
uns der Krieg wieder überrennen.
Eltern der Erde glaubt nicht, dass ohne euer
pausenloses Tun der Frieden für eure Kinder
selbstverständlich ist. Wenn ihr im Müßiggang oder in
Faulheit verweilt, so kommt der Krieg herbeigeeilt und
frisst eure Kinder auf. Deshalb steht auf und sät die
Samen ihres Friedens.
Wollen wir nicht alle, die Kinder in Frieden spielen
sehen? Woher kommt der Frieden, in dem sie lachend
ihre Spielsachen packen und nach draußen rennen, um
all ihre Freunde zu sehen? Ihr seid der Grund. Ihr seid
die Basis. Ihr seid das Fundament.

# Kleiner, blauer Planet

Grüne Länder und Wüstensand. Der Amazonas und der Nil. Vom Dschungel bis zur Tundra. Der weite Ozean und das tote Meer.
Ein Planet voller Wunder. Reise ein Leben lang und sieh dich satt an der Schönheit der Welt. Mit dem Segelboot übers Meer. Mit dem Flugzeug über Berg und Tal. Zu Fuß durch die eisige Tundra und den brennenden Wüstensand.
Relikte aus tausenden Jahren, die unsere Vorfahren hinterlassen haben. Erinnerungen zum Anfassen. Abenteuer zum Erleben und Geschichten zum Erzählen.
Bewahrt, was war und lehrt die Schar der Kinder über die Wunder und die Faszination dieses kleinen, blauen Planeten. Gebt das Erbe der Erde in die Hände des Friedens, damit wir als Geschichten in den Mündern der Zukünftigen fortbestehen.

# Dänische Küste

An einer fernen Küste im hohen Norden sah ich heute die Bunker aus dem zweiten Weltkrieg. Gebaut für die Ewigkeit. Noch heute trotzen sie den Gezeiten.
Leichen aus den Gezeiten der Ebbe und Flut. Denn der Krieg spült über uns wie die Flut über die Küste. Dunkel sind die alten Gänge. Gedrungen das kleine Gewölbe. Wie Pilze reihen sie sich am Strand auf und blicken hinaus aufs Meer.
Von außen erinnern sie an die Helme aus den Star Wars Filmen. Drei Reiche haben Jahrhunderte Krieg gesät über den deutschen Landen und ganz Europa beherrscht. Ob König oder Führer; kein weiteres Mal dürfen wir einem von ihnen die Chance geben, Krieg zu säen und die Küsten mit Bunkern zu bepflanzen.
Dunkel ist der kleine Gang. Licht trifft am Ende auf die Dunkelheit. Ein schmaler Schlitz, der einst für die Artillerie gemacht, öffnet mir den Blick aufs Meer.

# Zerstückelt

Ein Kind zerspringt in tausend Teile, während seine Eltern schreien. Diese Realität brachten die russischen Raketen auf den Boden Europas zurück. Was bleibt uns, außer zu trauern um die Frauen, Kinder, Männer und Greise? Was bleibt uns, außer die Wahrheit des Friedens wieder zur stärksten Macht in Europa zu machen?

Für lange, lange Zeit lebten wir in der Wahrheit des Friedens. Sie war schön, doch sie war bequem. Sie hat uns geistig faul gemacht. Anstatt dass wir uns nach den Feinden des Friedens weiter umsehen, haben wir uns treiben lassen im Strom der Belanglosigkeiten. Die Quittung kam und wir bezahlen sie noch.

Weder mit noch ohne Waffen können wir wahrhaft Frieden machen. Denn es geschieht in Geist und Herz. Solange wir Kinder des alten Kontinents nicht dafür sorgen, dass alle Kriegshetzer entmachtet werden an jedem Morgen. Solange müssen wir uns fürchten vor den Raketen, welche sie schicken, um uns in tausend Stücke zu zerstückeln.

# Marschierende Raketen

Wenn die kleinen Drohnen fliegen, um das Gebiet zu sondieren, auf dem die Raketen einschlagen werden. Dann schlägt es zwölf. Denn jede weiß, der Atomkrieg ist nicht weit und er greift nach dem Leben jedes Kindes auf Erden.

Wenn die Soldaten marschieren in großen Paraden und die Kriegsglocken läuten, dann weiß jeder, er sieht wandelnde Gräber. Denn sie werden kämpfen und elendig fallen in einem Krieg, welcher nur der Habgier ihrer Führer gilt.

Unter Wasser tauchen die U-Boote und warten auf den Befehl, um ihre tödliche Ladung zu senden, damit Torpedos feindliche Schiffe versenken. All der enge Raum staut die Wut auf und reißt Unschuldige in die tiefsten Schlünde der Weltmeere.

Wenn nur eine Partei regiert, weiß man, sie will Krieg. Wenn es nur einen König gibt, der Entscheidungen trifft, weiß man, es endet im Krieg. Wenn Religiöse allein das Sagen haben, weiß man, sie feuern den Krieg an. Das ist ihre Natur. Das ist die Geschichte unserer Zivilisation. So steht es geschrieben. So ist es passiert.

# Allzeit angriffsbereit

Raue Blätter des Rhododendron. Dornen wilder
Rosen. Giftige Pilze wachsen zu hunderten auf dem
Waldboden.
Scharfe Fangzähne. Wie Revolver wartet die nächste
Reihe im Gebiss des Hais. Ein spitzes Horn auf der
Nase bringt jeden zu Fall. Große Muskeln unter
weißem Fell.
Kriegsbemalung. Speere getränkt in Gift. Spitze Pfeile
und scharfe Schwerter. Trommeln treiben den Puls
hoch. Wilde Schreie.
Geölte Gewehre. Ketten wälzen sich durchs Ödland.
Die Rotoren lassen die Ohren zittern. Im Gleichschritt
marschieren Millionen in den Tod.
Diese Welt ist hart und rau. Mit Recht nennen sie alle
Narren, die beim Anblick der Wirklichkeit vom
Frieden träumen. Aber wer sein Herz sieht, der fühlt,
was möglich wäre. Wer die Kinder der Erde ansieht,
der weiß, was wir erreichen müssen.
Was ist, ist. Was ist ward aus dem Vergangenen. Was
ist, ist die Quelle des Wassers, das die Welt von
Morgen nährt.

# Abgründe

Wir halten an etwas fest, dass uns so oft betrogen. Wir leben einen Weg, aus dem der Klimawandel geboren. Wir tragen den Abgrund in uns weiter, aus dem heraus Soldaten marschieren und alle Glücklichen erschießen. Der erste Schritt zum Frieden ist der Frieden mit uns selbst. Das ist einfach gesagt, doch wer diesen Pfad betreten hat, weiß, wie schwer es ist.

In uns warten Abgründe. In uns spielt die Angst ihr Spiel und raubt uns jeglichen Frieden. In uns lebt das kleine, schreiende Kind und wimmert zitternd bis unsere Lebenslichter erlöschen.

Wir haben den Krieg in unserer Welt, weil in unseren Herzen der Krieg tobt. Wir tragen Konflikte in die Welt, weil wir uns in unseren Köpfen streiten. Wir sind kein Ort des Friedens, wir sind eine Vase mit den blutigen Blumen aus allen Kriegen.

Wir sind die Antwort. Du und ich. Wenn in uns Frieden ist, dann beginnt er in der Welt.

# Nie wieder langweilen

Jeder Moment ist ein kostbares Geschenk. Jeder Augenblick ist wertvoll. Arm sind die, die das nicht verstehen.

Sie langweilen sich und fallen tief in die Profanität. Sie brauchen immer neuen Spaß, weil sie sich selbst nicht spüren in ihrer Grenzenlosigkeit.

Wer wirklich ist mit sich, fühlt niemals nicht jenes oberflächliche Gefühl, dass Langeweile heißt. Denn er sieht sich in der Tiefe, die er/sie/es wirklich ist und in der Tiefe unseres Wesens kann es keine Langeweile geben. Aber Frieden, den gibt es wohl als wahren Grund unserer Existenz.

# Klimawandel

Dummköpfe glauben immer noch, dass Problem am Klimawandel ist das Klima. Wie kann ein erwachsener Mensch so wenig von dieser Welt verstehen? Diese Frage lässt mich nicht mehr los: Wie kann ein Erwachsener so dumm sein?

Das größte Problem am Klimawandel ist nicht der Wandel des Klimas, sondern die negativen Nebeneffekte. Ihr Traumtänzer fragt, wovon ich rede? Ich rede von Bürgerkriegen und instabilen Staaten und Millionen und aber Millionen neuen Flüchtlingen, welche die letzten stabilen Länder überrennen und sie an den Rand ihrer Leistungsfähigkeit bringen und dadurch destabilisieren.

In einem Alltagsbuch über Wirtschaft las ich die Theorie, dass das veränderte Wetter in Syrien zu schlechteren Ernten führte und dadurch der Krieg ausgelöst wurde. Dieser Konflikt schürte die erste neue Welle Flüchtlinge, die die neue Völkerwanderung in Bewegung setzte. War es nicht sogar Russland, dass sich in diesem Konflikt auch als neue Kriegsmacht etablierte und sahen wir nicht die Krim brennen?

Nicht das Klima ist das große Problem am Klimawandel, sondern die vielen Kriege und Volksaufstände, die der Klimawandel auslösen wird. An alle die immer noch klimaschädlich leben und Fleisch fressen, in den Urlaub mit dem Flugzeug fliegen, Benziner fahren oder ihre aufgerauchten Kippen brennend auf den Boden werfen: Ihr seid die Ursache, dass mit hoher Wahrscheinlichkeit die Kinder von heute weit mehr als ein Zehntel ihrer Lebensjahre früher sterben werden. Da euer Spiegelbild: Erkennt die Fratzen der Egogier.

# Denkt. Redet. HANDELT!

Wie kann ein geistig gesunder Mensch einen Tag verstreichen lassen, ohne etwas für den Frieden zu tun? Habt ihr nichts aus der Geschichte gelernt?

Der Krieg kommt, wann immer ihr nichts für den Frieden tut. Der Krieg kommt, wann immer ihr nicht über den Frieden redet. Der Krieg kommt, wann immer ihr nicht nach Frieden schreit. Der Krieg kommt, wann immer ihr nicht bewusst den Frieden wählt.

Wir wissen nicht, wie es weitergeht. Aber aktuell sind die Nachrichten voll von Irren, die Atombomben einsetzen wollen und die davon träumen, sich unser Land einzuverleiben

Wacht endlich auf. Hört endlich hin. Seht endlich genau hin. Werdet endlich aktiv und baut einen starken Frieden auf!

# Erbe

In einem fremden Land, das mehrmals von meinem Volk überrannt. Sie fragten mich schon, warum ich nicht rede, wie der hässliche Mann mit schmalem Bart und Scheitel, nachdem ich mich als Deutscher zu erkennen gab.

Ein paar Witze musste ich einstecken, zwischen deren Zeilen Vorsicht und ein alter Funke Hass steckte. Die Schande der deutschen Vergangenheit begegnet mir in jedem Land. Nichts habe ich getan und doch tastet man mich vorsichtig ab.

Was kann ich dafür, wie es war, bevor ich gebar? Und doch kann ich viel für das, was kommt. Denn die Vergangenheit wurde gemacht und die Zukunft auch. Am Ende sind es immer die, welche in der Gegenwart sind. Also wir!

# Zwei Weltfrieden

Zwei Weltkriege hat dieses Volk verbrochen und dabei selbst alles verloren. Ist es nicht Zeit für ein neues Ziel: Warum sollten wir nicht zu dem Volk werden, dass die ersten beiden Weltfrieden auslöst?
Ein Traum älter als die Menschheit. Spirituelle Seher würden sagen, älter als dieses Universum. Frieden. Weltfrieden. Überall. In jedem Winkel. Jedem Haus und in jedem Gehirn: Frieden weltweit!
Was hatten wir vom Krieg? Nichts außer dass er uns die Familie und Freunde raubte. Die einen starben, die anderen wurden zu menschenfressenden Zombies mit gebogenen Kreuzen.
Aber die Zeit der Kreuzritter ist vorbei. Eine neue Fackel brennt mitten in der alten Stadt an der Spree. Es ist die Fackel wahren Friedens. Es ist eine ewige Flamme genährt vom Gas, die auf dem Theo brennt.
Wie viel Macht wir besaßen, um zwei Weltkriegen zu starten! Wie viel Macht können wir noch aufbringen, um den ersten Weltfrieden zu starten und uns alle zu retten?

# Viereckige Augen

Terror, Hass und Gewalt reagieren seit Jahren die Nachrichten und wie es derzeit scheint, gewinnen sie. Ich weiß nicht, ob der Terror allein ausgeufert ist oder ob ihn die Medien erst erschufen, indem sie ihm willfährig eine Plattform boten. Ich weiß es nicht, aber ich weiß, es ist ein furchtbares Gespann und es hält die Welt gefangen.
Noch immer geschieht mehr Liebe auf Erden. Noch immer wird an mehr Orten sich nicht bekriegt. Doch davon singen die Medien kaum ein Lied. Sie berichten von Mord und Gewalt, vom Krieg und Hass; weil es uns triggert. Weil es uns unbewusst reizt und sie so unsere Aufmerksamkeit an sich reißen.
Leider sind wir schon Junkies. Ich meine nicht erst seit dem Internet und Smartphone. Ich meine seit vielen Jahren und zwar jenen Jahren, als wir nur TV und nichts digitales hatten. Abend für Abend starrten die Familien in die Glotze und lebten aneinander vorbei. Sie entfernten sich, obwohl sie sich im selben Raum befanden. Aus Bünden wurden Bunde, die wie Fesseln wirkten und zerschnitten werden mussten. Am Ende haben wir den Salat in jeder Großstadt, wo die Hälfte allein daheim in ihrem Single-Haushalt lebt und fleißig Serien streamt. Macht die Glotze einfach aus und rettet, was zu retten ist.

# Die weiße Fahne

An jeder Front die weiße Fahne schwenken. Überall das Kriegsbeil begraben. Wenn keiner mehr zum Krieg geht, dann fällt der Krieg aus.

Ein Ende des Krieges scheint derzeit nicht in Sicht und dennoch sage ich, es ist absolut möglich. Es ist wahrscheinlich, dass alle Menschen bald begreifen, wie sinnlos morden und töten ist. Es ist möglich, dass wir uns bald alle als Brüder und Schwestern die Hände reichen. Glaubt daran und befreit unsere Welt vom Kriegswahn. Zusammen packen wir es an und machen den Frieden wahr.

Noch toben die Gemetzel an den Frontlinien. Noch haben zu viele nicht eingesehen, dass wir nur den Frieden nähren dürfen, falls wir glücklich und sicher leben wollen. Noch erfüllen zu wenig ihre Pflicht und entzünden das Friedenslicht. Aber was nicht ist, kann ja noch werden. Also glaube ich, dass es möglich ist.

# Blaubraun

Ferne Träume einer besseren Welt, während wieder jede:r fünfte Deutsche die Nazis wählt. Sie haben gesagt, dass wir Menschen nichts aus der Geschichte lernen, ist das einzige, was wir aus der Geschichte lernen. Dieser Tage stimmt es wieder, dann einst braun blüht der Faschismus heute blau und weckt das alte Grauen.
Krieg steht am Horizont geschrieben in allen Ländern der Welt. Er hat sich mehr als ein Jahrzehnt lang angekündigt, doch wir wollten es nicht wissen. Jetzt bomben und marschieren sie wieder.
Auch heute wollen viele es nicht wissen mit ihrem Biedermeier-Gewissen. Sie tun so, als ob nichts wäre. Doch es war immer was. Aber weil sie es ignorierten, deshalb ist es jedes mal explodiert und hat alles Glück weggespült.
Die B(l/r)aunen reiben sich die Hände. Sie sehen ihre neuen Lager schon, in die sie alle stecken und zur blutigen Fron zwingen oder sie einfach mit der Kugel umbringen. Die Umfragen zeigen, wir sind da, wo Weimar einst war. Werden wir genauso enden?

# Systemsprenger

Tage vergehen mit Fernsehen. Jahre verstreichen im
Stream. Zocken und rocken. Gammeln und chillen
und dann der Welt zusehen, wie sie untergeht.
Wen auch immer du fragst dieser Tage, sie haben den
Eindruck, dass alles zusammenbricht. Krieg. Inflation.
Seuchen. Armut. Flüchtlinge. Stress. Krebs. Klima.
Aber fragen sie, was die Ursachen sind?
Sie sagen dir, es ist noch nicht lange her, da war alles
wunderschön, einfach und unkompliziert. Fragen sie,
was sich verändert hat und gucken sie dabei in ihr
Spiegelbild?
Es ist leicht, den Bösen die Schuld zu geben.
Kriegstreiber. Menschenhändler. Umweltsünder.
Fleischfresser. Pharmalobby. Aber es ist schwer zu
zugeben, dass weil sie wie so viele ein Leben des
Müßiggangs wählten, dass deshalb die Systeme wegen
ihres faulen Konsums kollabieren.

## Alles

Zerstückelt wirst du. Zerschmettert wirst du. Zerrissen
wirst du von den Bomben, Mörsern, Granaten und
Raketen. Hungern wirst du. Siechen wirst du. Darben
wirst du in den Tagen des Krieges.
Alles was du bist, wird zerstört. Alles was du dir
wünscht, wird sterben. Alles was du willst, wird
dir der Krieg rauben.
Glaube keine Sekunde, dass der Krieg dir
irgendwelche Vorteile bringen wird. Er raubt. Er
nimmt. Er zerstört. Er entleibt. Er entseelt. Nur
Tränen, Kummer und Sorgen sind im Krieg zu
erlangen, aber selbst dass nur für die Glücklichen, die
nicht vorher ermordet werden.
Dann warten da noch die Lager auf die Gefangenen,
außer für die schönen Frauen. Die landen in Häusern
und werden rund um die Uhr missbraucht.
Wenn er uns alles nimmt, warum unterstützen immer
noch so viele die Kriegshetzer und politischen Lager,
die bereit sind in den Krieg zu ziehen?

# Träumer

Frieden auf all meinen Wegen ist der Traum, der mich lässt weiterleben. Bin ich ein Träumer in einer Welt trauriger Realisten? Oder sind da draußen andere, die wie ich den ewigen Frieden erträumen?
Bin ich allein? Wer weiß das schon. Ich weiß nur, dass wir zu wenige sind. Zu wenige Menschen der Erde träumen vom Frieden und all seinen Vorzügen. Viel zu viele träumen von Ruhm und Geld.
Sie wollen der Held sein und die Feinde besiegen, damit ihnen die Frauen zu Füßen liegen. Oder sie träumen von Schönheit, damit sich jeder Hals nach ihnen umdreht. Ich urteile nicht über ihre Träume, denn ich glaube an die Freiheit. Doch welche Freiheit kann blühen, solange wir nicht im Frieden leben?

# Unsere Kinder

Kinder und Kindeskinder. Schinder und Schindler. Ermordet in den kalten Gaskammern und auf den Todesmärschen. Erfroren auf der Flucht in den vielen Kolonnen, die bis heute über die Erde ziehen. Manche sogar lebendig verbrannt von den Pfaffen. Sie waren Mädchen und wollten Hexen spielen. Die Priester sahen ihre Macht zerrinnen. Sie haben sie gequält und festgeschnallt. Lebendig am Feuer schrien sie.
Dörfer voll mit minderjährigen Prostituierten. Überall auf der Welt verkaufen junge Mädchen und süße Jungs ihre Becken für genug zu essen und das in einer Welt, in welcher es genug zu essen für doppelt so viele Menschen gibt.
Unrecht ist schlecht. Doch geschieht es den Kindern, dann ist es um so schlimmer. Gerade erst auf die Welt gekommen, müssen sie in Minen schürfen oder in dunklen Schuppen Kleidung nähen.

# Eine Kette

Familien. Liebe. Neue Triebe. Viele.
Wir reihen uns ein in eine urig lange Kette. Sie darf nicht reißen. Denn wenn sie reißt, ist die Chance verloren, die Liebe vieler Generationen weiter in die Zukunft zu tragen.
Der Krieg trachtet danach; er giert danach dieses Band zu erreichen. Er will die Kette der Generationen sprengen. Sie für immer trennen. Er frisst die neuen Leiber. Ihm ist es gleich, ob es Greise oder Kinder sind; er nimmt alle, die er kriegen kann.
Große Taten wahren den Frieden. Sich billig der Hetze hinzugeben und zu fluchen und meckern, sind die Wahl der Faulen und Dummen. Meckern tun jene, die zu faul sind, etwas zu tun, damit es besser wird. Hört den Meckerern nicht mehr zu. Stopft ihre Münder für immer und wahrt den Frieden und die Harmonie in euren kleinen Familien.

# Friedenskultur

In einem fernen Land bin ich irgendwo auf dem Land in einem kleinen Hotel gestrandet. Vieles ist anders hier. Manches wirkt ähnlich und ist doch so anders wie diese Moskitos.

Mein Heimat ist nicht nett. Mein Volk ist nicht dafür bekannt, besonders freundlich zu sein. Wie viele traf ich schon, die nur zu Besuch schockiert berichteten, wie unhöflich die Menschen sie behandelten, wenn sie nur nach dem Weg fragten. Das höre ich tatsächlich aus allen Teilen der Republik.

Dieses Land hier ist dafür bekannt, freundlich zu sein. Ich kann nichts anderes sagen. Es stimmt, alle sind zu mir super nett und bekochen uns ständig, wenn wir sie besuchen gehen. Aber am überraschendsten ist es mit den Mücken. Die sitzen einfach im Zimmer im Hotel und chillen. Seit Tagen sind die da und tun uns nichts.

Ich fragte eine Einheimische und sie sagte, das ist hier so. Dieselbe Frau hatte mich vor kurzem zuhause in meinem Land besucht. Noch heute erzählt sie mir gequält, wie sie drei fiese Mücken gleichzeitig in den Hintern stachen, als wir im Garten hinterm Haus saßen.

# Einsamer Puls

Einsam und allein in den Millionenstädten. Das wird für immer mehr Menschen zum traurigen Schicksal. Unsere Technik hat uns asozial gemacht und deshalb weinen sich so viele abends in den Schlaf.
Niemand fragt, wie es ihnen geht. Niemand, der hilft, wenn es ihnen schlecht geht. Niemand, die sie in den Arm nimmt, wenn sie weinen. Niemand zum Lachen und sich freuen. Sie sind allein umgeben von Millionen Einsamen.
Entfremdet voneinander, leben wir wie Eintagsfliegen, die nur darauf warten, dass das Handy vibriert und jemand einen Status oder ein Video hochlädt. Die Jungen glauben wirklich schon, das ist die Art, wie wir Menschen zueinander stehen, dabei ist das nur tote Kultur ohne eine Spur echter Mitmenschlichkeit.
Das Fenster auf und dann den TV auf den Bordstein geknallt. Den Mülleimer auf und den Laptop entsorgt. Den Klodeckel hoch und das Handy runtergespült. Dann die sieben Sachen und eine Trommel schnappen und in den Park gehen, um den pulsierenden Frieden des echten Lebens zu spüren.

# Erdige Zweibeiner

Keinen Schritt zurück auf dem Friedensweg, weil er immer weitergeht. Am Ende wartet das Paradies.
Noch hat keine Spezies auf Erden das Paradies erlebt.
Noch hat keine Spezies auf Erden das Potenzial dazu entwickelt.
Wir haben die Macht, das Paradies zu erschaffen. Wir haben die Kraft, den Weg bis zum Land des höchsten Friedens zu gehen. Wir haben die Muse, Frieden zu säen auf allen Wegen, auf denen wir gehen. Wir haben die Gabe alle Pfade zum Frieden auszugraben und sie fest und begehbar für jedes Wesen zu machen.
Wir Menschen sind so viel mehr als die Dämlichkeiten, die wir so verzapfen. Wir Menschen sind mehr als unsere stumpfe Konsumgier. Wir Menschen sind mehr als unsere Lästereien und das ewige Nachtragen. Wir Menschen sind wunderbare Wesen. Wann beginnen wir, zu uns selbst zu stehen?

# Friedensreiche

Wie kann nur ein einziges Wesen, das sein Leben liebt, den Wert des Friedens vergessen? Wie kann eine wahre Seele jemals aufhören, die Wunder des Friedens zu preisen? Wie kann ein Mensch so tief fallen und die Kriegstrommeln schlagen?

Im Frieden finden wir alles, was wir brauchen. Da ist Reichtum. Da sind Freunde. Da ist Glück. Da ist Zufriedenheit, Vertrauen, Hoffnung und Liebe. Selbst Luxus ist da und ein Planet, den es zu bereisen gilt.

Alles bringt der Frieden. Alles nimmt der Krieg. Wieso entsteht dann trotzdem immer wieder Krieg aus stumpfer Habgier? Denn der Frieden bringt mehr Güter und Besitz, als sich im Krieg erlangen ließen. Nichts bringt der Krieg, während im Frieden alles möglich ist und sich alles mögliche erlangen lässt. Wählt den Frieden, wenn ihr reich werden wollt!

# Ein heiliger Same

Du bist das Geschenk der Welt an sich selbst. Jeder Zweifel an dir selbst, ist ein Stich ins Herz der Welt. Das Universum gebar dich, weil es dich wollte. Es gab dir einen freien Willen und Verstand, weil es an dich glaubt. Jeder Moment, den du zögerst, verletzt das Gewebe der Welt.
Da ist nichts zum Zweifeln, kein Grund länger zu zögern. Denn so wie du bist, bist du vollkommen. Du bist auserkoren, wahrhaft großes zu vollbringen. Nur eine:r kann dich stoppen und das bist du selbst.
Nicht eine:r unter vielen bist du, sondern einzigartig unter einzigartigen. Besonders. Erwählt. Auserkoren. Denn das heilige Universum säte in dir die Samen des universellen Friedens. Gieße sie. Dünge sie. Lass deine Blume erblühen.

# Friedensduft

Ich atme den Frieden ein und spüre, wie er sich in meinen Lungen ausbreitet. Langsam wird er in meinen Blutkreislauf gelangen und jeden Teil zum Frieden werden lassen.

Ein warmer Sommertag wandelt sich zum Herbst. Mein Leben fließt wie das Wasser in diesem dänischen Fluss. Glücklich treibt das Nass von dannen, weil ich glücklich bin.

Sie liebt mich und ich liebe sie und wir sind hier im Frieden. Wir sind tanzenden Friedenskinder auf den Spuren des Paradieses. Es ist hier, wenn ihr zu den Glücklichen zählt, die so unbedeutend werden, dass euch die Normalos nicht mehr wahrnehmen. Ihr werdet zu Fremden in ihrer Welt, weil ihr gelernt habt zu tanzen und frei zu sein. Damit könnt ihr nicht mehr Teil ihrer Welt sein. Denn ihr habt eure alten Ketten gesprengt.

# Der Schwarm

Wir alle sind verbunden. Keiner von uns kann ohne den anderen sein. Leidet einer, werden wir alle leiden. Das ist das Gesetz der Welt, wenn du hinter die egoistische Oberfläche blickst.
Zu viele glauben, sie allein hätten es geschafft. Sie begreifen nicht, dass sie Teil eines Schwarms sind. Ohne diesen hätten sie nichts, schon gar keinen Erfolg. Im Netz des Schwarms sind sie zu Ruhm geschwommen. Im Netz des Schwarms sind sie zur Größe gekommen. Aber das Ego glaubt, es allein hat es geschafft. Der Narziss wähnt sich selbst zum Sieger. Egos glauben an sich und vergessen die Welt, die sie stark gemacht. So wurden Führer und so wurden Königshäuser. Es wird immer so sein, solange wir vergessen, dass wir nichts sind ohne die vielen Menschen, die uns auf unserem Lebensweg helfen. Und erinnern wir uns daran, dann wird Frieden die einzige Wahl.

# Extreme

Verliebt starren wir in den Himmel. Liegen Arm in
Arm. Die Zeit hält an. Dieser Moment unvergessen,
so einzigartig wie als die ersten Bomben fielen und
Granaten das Haus vergruben.
Eine Linie mit zwei Enden. Auf der einen Seite ist all
das Schöne und Edle. Auf der anderen das Gemeine
und Gewalttätige. Können wir Menschen wirklich
wählen oder sind wir verdammt dazu, für immer
Individuen hervorzubringen, die an allen Punkten der
Linie stehen.
Da gibt es die heiligen Heiler und Friedensverkünder
und dann sind da die Massenmörder und Kriegshetzer.
Was macht die einen so und die andern anders? Gibt
es Güte und Herzlichkeit in jedem von uns? Die Frage
ist ernst und sie ist so alt, wie wir Menschen denken
können: Was muss geschehen, damit alle Menschen
den heilsamen Lebensweg wählen?

# Milliarden

In Milliarden Gräbern schlummern Geschichten aus Krieg und Frieden. In Milliarden Herzen schlägt die Hoffnung Kerben. Milliarden Menschen träumen jede Nacht und erwachen in der harten Realität. Milliarden gehen in die Aufrüstung der Armeen und die Forschung nach neuen Waffensystemen. Genau diese Milliarden fehlen in der Bildung und der Ernährung der Kinder dieser Erde.
Milliarden werden erzogen im Glauben, dass wir uns erschießen müssen. Milliarden glauben, es ist nötig Tiere zu essen. Milliarden sind gefangen in autokratischen Systemen und dürfen niemals frei wählen. Noch immer leben Milliarden Frauen unter dem Patriarchat. Genauso haben viele Milliarden die herrschende Kultur in ihren Staaten satt.
Milliarden könnten sich erheben und einen besseren Weg wählen. Milliarden könnten auf die Straße gehen und für Frieden demonstrieren. Milliarden könnten den Hungernden Essen geben und die Fakultäten unterstützen, damit sie bessere Medizin erfinden. Milliarden sind wir. Jeder einzelne braucht den Frieden.

# Nur eine Utopie?

Sie schimpfen uns naive Träumer und Utopisten. Sie sagen, wir sollten uns der Realität stellen. Sie lachen darüber und sagen, wir glauben an Märchen.
Lieber träume ich vom Frieden. Liebend gern bin ich ein Utopist, der vom Frieden spricht. Ja, ich leugne die Realität, falls es eine Realität des Krieges ist. Ich betreten das Märchenland, wenn in ihm Frieden ist.
Ihre Realität ist ihre Hoffnungslosigkeit. Sie glauben, dass es nur so sein kann, weil sie zu dumm sind, sich einen besseren Weg vorzustellen. Sie lachen über uns, weil sie weinen müssten, falls sie sich selbst anguckten. Denn sie sind arm an Fantasie und Glauben. Sie haben nur ihre harte Realität und begreifen nicht, dass die auch nur sozial konstruiert ist.
Ja, hier stehe ich und ich weiß, ich stehe nicht allein. Da draußen sind mehr Utopisten. Da draußen sind Menschen, die wie ich diese Realität ablehnen, weil sie wissen, dass es besser geht.

# Alles geraubt

Wie viele Generationen träumten vom Frieden und mussten dann mit ansehen, wie Krieg und Gewalt ihr Land und ihre Familie zerstörten? Auch heute träumen viele vom Frieden und erleben, wie die Gewalt ihnen alles raubt.

Ob Armeen oder Gangs, die kommen, um ihnen mit Gewalt zu rauben, was sie lieben, egal ob ihr Heim oder ihre Familie. Ideologien und Religionen, die vom Frieden reden, aber nur mit Terror regieren und alle in Lager stecken an ihren guten Tagen und sie an den schlechten einfach erschießen.

Wie lange träumen wir noch, bevor es stoppt, dass wir zusehen müssen, wie Krieg, Terror und Gewalt uns alles nehmen? Wie lange noch bis die Friedenswilligen jedes Land regieren? Wie lange noch ehe wir endlich glücklich leben können, ohne Angst zu haben vor den Generälen und Politiker*innen und ihren kranken Fantasien? Wie viele Generationen folgen noch, die sich das fragen müssen?

# Ursachen und Bedingungen

Woher kam der Frieden und woher kam der Krieg?
Verstehen wir das, dann haben wir das Geheimnis
ergründet!
Wenn wir begreifen, was Frieden schafft, können wir
ihn jederzeit erschaffen. Wenn wir begreifen, was
Krieg erzeugt, können wir ihn zukünftig verhindern.
Aus friedlichen Ursachen entsteht der Frieden.
Vertrauen und Güte sind friedlich. Altruismus und
Hilfsbereitschaft sind friedlich. Sich unterstützen und
aufeinander aufpassen sind friedlich.
Verständnis und Vergebung sind friedlich. Neid und
Gier nähren den Krieg. Hass und Gewalt erzeugen
den Krieg. Missgunst und Misstrauen säen die Samen
des Krieges. Faulheit und Müßiggang lassen die
Kriegshetzer gewähren.
Ursachen. Bedingungen. Fundamente. Frieden hat eine
Basis, nämlich unser gutes Herz. Aus der Liebe in uns
wächst die bessere Welt und streben die Friedensreben
bis zum blauen Horizont.

# Unermüdlich

Sie sitzen und warten, dass es besser wird. Sie sitzen und hoffen, dass der Frieden gewinnt. Aber da sind solche draußen, die arbeiten ohne Pause nur für sich selbst. Da sind solche, die ohne Pause den Krieg anheizen.

Mit jedem Tag, den die andern faul herumsitzen, wird die Welt ungerechter und der Krieg wahrscheinlicher. Denn während sie faulenzen, zielen jene darauf, ihnen alles Geld und dann das Leben zu nehmen.

Wer denkt, dass ist ein Witz, hat in Geschichte nicht aufgepasst. Es ist seit Jahrtausenden so und wird so bleiben. Deshalb gibt es nur einen Weg zu einem glücklicheren Leben. Deshalb gibt es nur einen Weg zum Frieden. Und dieser Weg heißt harte Arbeit.

# Zeit loszulassen

Verabschiede dich schon mal von all deinen schönen Dingen. Vergiss dein schnelles Auto und die tolle Wohnung mit Ausblick. Vergiss dein neues Handy. Vergiss all deine tollen Klamotten und deine Sammlung Sneaker. Wenn wir den Krieg, der auf uns zurollt, nicht aufhalten, wirst du das alles aufgeben müssen.

Der Krieg zerstört Wohnungen und die Menschen, die in ihnen zittern beim grellen Alarm, der vor den Luftangriffen warnt. Der Krieg zerstört die Straßen, auf denen dein Auto fährt, falls er es nicht vorher schon zu Schrott schießt.

Der Krieg raubt nicht nur tote Sachen, denn er nimmt auch die Lebensmittel. Vergiss den Döner und das Restaurant. Vergiss deinen vollen Kühlschrank und den Pizza Bestelldienst. Im Krieg erwarten dich angeschimmelte Reste und Keller voller fauliger Kartoffeln.

# Ewige Fragen

Sie werden dich fragen, so wie ich dich frage. Doch sie werden dich fragen, wenn wir beide längst vergangen in den alten Gräbern ruhen. Sie werden wissen wollen, wo du warst, als die Erde verbrannte. Sie werden wissen wollen, ob du einer von den Chillern und Partygängern warst, die zugesehen haben, während die Welt zerbrach.

Keine Angst vor der Zukunft. Keine Angst vor dem Kampf. Keine Angst vor den Gegnern. Aber hab Angst vor den Fragen deiner Nachfahren, wo du warst als sie wiederkamen, um zu morden und rauben. Wo warst du, als die Chance da war, die Welt besser zu machen?

# Blinde Augen

Am Ende der Straße steht ein altes Haus. In dem lebt eine alte, blinde Frau mit der Gabe tiefer zu schauen. Jeder aus dem Dorf war schon da. Dann legt sie die Hände auf die Brust und sieht dem Menschen ins Herz.

Zu viele Vorhersagen der alten, blinden Frau wurden wahr. Denn sie kann sehen, was hinter dem Sichtbaren geschieht. Sie sagte Babys voraus und der einen Frau hat sie unter Tränen gesagt, wie der Krebs in ihr wächst. Dann war da der Typ dessen Frau ihn hingeschleift hatte. Wie sich zeigte, betrog er sie mit der Nachbarstochter.

Auch die Zeitung war schon da und hat gefragt, was uns in der Zukunft erwartet. Sie sagte, wir Menschen stehen am Scheideweg. Wir können weitermachen wie bisher und dann wird unsere Welt zusammenbrechen und in Krieg, Terror und Giften verenden. Oder wir wählen den anderen Weg und wagen einen Neubeginn. Auf diesem Weg sah sie ein Licht, dass heller war als alles, was bisher möglich ist.

# Das System der Angst

Wir greifen nach den Sternen, während auf Erden noch immer Hunger und Krieg lungern. Wir werden unser Erbe zu den weiten Sternen tragen, wenn wir nicht aufwachen und unser Herz befreien von all dem Hass und der grenzenlosen Angst.
Angst machte Hitler groß. Angst führte Stalin an und mit Angst sorgte Mao dafür, dass sich Millionen Chinesen gegenseitig erschlugen. Angst ist eine Waffe in den Händen der Demagogen und Angst entfesselte viele Terrorakte.
Stellen wir uns den Ängsten, die uns tagtäglich quälen und wir werden Freiheit finden. Denn die Angst ist die Säule vieler Kriege. Ohne Angst würde der Krieg als System einfach nicht mehr funktionieren.

# Wähle

Für immer danach streben, dass wir alle im Frieden weiterleben. Welches größere Lebensziel kann es sonst geben?

Warum stehen wir jeden Tag auf? Was ist der Sinn hinter all dem, was wir tun?

Es ist so leicht, ein Boot ohne Hafen zu sein und sich einfach vom Strom treiben zu lassen. Aber jeder Müßiggang endet in Reue. Ein Leben ohne Sinn ist ein Leben ohne Erfüllung. Ein Leben, welches nicht erfüllt, fühlt sich unbefriedigt an. Aus der fehlenden Befriedigung entsteht Unglück und Unzufriedenheit. Wer diesen Weg geht, wird traurig sterben.

Jeden Moment, den du noch lebst, hast du die Chance zu wählen. Welchen Weg willst du gehen?

# Warnungen im Wind

Nie wieder Krieg lese ich auf den alten Plakaten im Museum. Sie stammen aus einer Zeit vor dem zweiten Weltkrieg. Wie die Irren haben sie gewarnt vor diesem Hitler und seinen Nazis. Kaum einer wollte hören, mit soldatischen Ehren sind sie in den Tod gerannt und haben alles niedergebrannt.

Wieder rufen viele: nie wieder Krieg und ich lese das Zitat, das angeblich von Gandhi stammt: Wir lernen nur eins aus der Geschichte, nämlich das Menschen nichts aus der Geschichte lernen. Wie traurig, wenn es wahr wäre. Wie gefährlich, denn die Waffen, die wir heute haben, sind so viel tödlicher als die brutalen Spielzeuge der Nazis.

Wir stehen am Abgrund. Doch dabei müssten wir nur zuhören und die Warnungen ernst nehmen. Wir rasen mit Vollgas auf ein tiefes Loch zu. Dabei müssten wir nur auf die Bremse treten und alles würde gut ausgehen.

# Lebenssinn

Ich will nicht sterben ohne das Bewusstsein, alles für den Frieden gegeben zu haben. Ich will nicht als alter Mann zurückblicken und realisieren, dass ich mehr für den Frieden hätte geben müssen.

Mein Leben ist zu kostbar, um zu gammeln und zu chillen. Als ich jung war, tat ich das, weil man mir falsche Werte des Konsums eingetrichtert hat. Aber ich bin aus dieser kranken Lüge aufgewacht. Heute weiß ich, ein erfülltes Leben ist mehr als chillen und Müßiggang.

Sinn und Tiefe geben Kraft und schaffen Glück im Herzen, das keine Ecstasy Pille in den großen Clubs in Berlin mir je hätte geben können. Kein Fastfood, nicht mal der beste Fick eines One Night Stands gibt so viel Erfüllung wie echter Lebenssinn. Ich hatte all das: Ecstasy, Speed, Clubs und jede Menge Sex, doch ich war immer schnell unbefriedigt und unzufrieden. So wie alle die ich damals kannte. Heute ist das anders. Ich bin glücklich und ich bin fleißig strebend nach dem Frieden in meinem Herzen und in der Welt.

## Würdevoll arm

Armut erschafft keinen Krieg, aber Habgier tut es. Mit Würde arm zu sein, ist eine Tugend, die mehr Wert hat als die schamlose Gier der Korrupten.
Wir könnten längst alle reich und abgesichert sein. Das glaube ich wirklich. Jedem Menschen könnte es gut gehen. Doch die Korrupten stehlen diese Chance seit vielen Generationen. Sie rauben das Geld, dass für die Innovationen zählt, aus denen wir den kollektiven Wohlstand aufbauen könnten. Solange sie weiter ihre Hand ausstrecken und allen Fortschritt blockieren, solange man sie nicht schmiert, solange ist die Welt verloren im Sumpf der Gier und steht pausenlos am Abgrund des Krieges.
Wahre Armut ist die Armut des Herzens nicht mitfühlen zu können mit den weinenden Herzen. Wahre Armut besitzen jene, die einsam und paranoid ihre Millionen zählen. Wahre Armut besitzen viele Reiche. Ihr Geld macht sie wohlhabend, aber am Ende haben sie nichts und jeder freut sich, wenn sie endlich tot sind.

# Marschieren

Als Kind sah ich sie marschieren in Reih und Glied. Mein Vater nahm mich mit zur großen Parade auf dem Platz, wo das Militär sich stolz präsentierte.
Als junger Mann musste ich marschieren und stramm stehen. Sie haben mich angeschrien und mir gezeigt, wie das Gewehr funktioniert und wie ich mein Barett richtig aufsetze. Wir kampierten im kalten Wald und liefen tausend Runden durch den Winterwald.
Als alter Mann weiß ich jetzt, wie nah ich am Krieg war. Schon oft hätte es fast geknallt und gerade ist es wieder so weit und alle zittern. Selbst heute las ich die Warnungen auf den U-Bahn Bildschirmen vom dritten Weltkrieg.
Sie marschieren noch immer in Reih und Glied und polieren ihr Gewehr. Sie trainieren noch immer im kalten Biwak für den Ernstfall. Es scheint, als ob wir seit Jahrhunderten im Kreis laufen. Nur unsere Waffen werden größer und zerstörerischer.

# Zu spät?

Wenn es zu spät ist, ist es zu spät. Als das Dritte Reich in Polen einmarschierte, war es zu spät. Als die beiden Flugzeuge die Twin Towers zerstörten, war es zu spät. Als Putins Terrorbande die Ukraine bombardierte, war es zu spät. In Nahost ist es zu spät.

Wenn es zu spät ist, dann bedeutet das, die Vorherigen haben ihre Chancen nicht genutzt, den Frieden zu bewahren und den Krieg aufzuhalten. Die Geschichte beweist, wie knapp Hitler den Attentaten entging. Hätte es nur ein paar mehr Attentate gegeben, dann hätte Auschwitz nie existiert.

Für dich und mich ist es noch nicht zu spät. Wir leben noch im Frieden. Noch haben wir Zeit jedem Streben des Krieges Einhalt zu gebieten. Noch können wir die Bomber und Raketen stoppen. Noch ist Zeit, Stopp zu schreien und bei den Massen Gehör zu finden, damit sie begreifen, dass sie zur Wahl den Frieden wählen.

# Ausreden

Zwei Augen. Zwei Hände. Zwei Füße. Einen Mund und ein denkfähiges Gehirn. Mehr brauchst du nicht, um für den Rest deines Lebens zu einem Kämpfer(in) für den Frieden werden zu können. Das ist alles, was nötig ist und alle anderen Gründe sind nur feige Ausreden.
Du hast keine Zeit. Bist zu müde. Hast wichtigeres zu tun. Deine Familie braucht dich mehr. Deine Kinder schreien. Du hast nicht genug Geld. Du musst zu lange arbeiten. All das sind nur Ausreden. Andere vor dir hatten größere Hindernisse und haben es trotzdem getan. Denen ging es schlechter als dir und dennoch sind sie ein Leben lang für den Frieden aufgestanden. Nur Ausreden. Ausreden und Ausreden. Und diese Ausreden funktionieren so gut, weil du dich nur mit Menschen umgibst, die dieselben Ausreden benutzen.
Ihr betrügt euch selbst. Du betrügst dich selbst. Dann wenn der Krieg wieder da ist, heulst du rum. Aber du bist Mitschuld!

# Angst

Wir misstrauen uns und wir haben Angst voreinander. Die sozialen Ängste sind auf dem Vormarsch und bestimmen längst die meisten Großstädte.
Wundern tut das nicht. Wir haben Geschichtsbücher und wir schauen Nachrichten. Was wir da über uns Menschen sehen, hören und lesen, ist erschreckend. Wir müssen eine echt grässliche Spezies sein.
Und es stimmt, es gab und gibt unter uns sehr viele Mörder, Vergewaltiger und auch Diebinnen. Aber zu keinem Zeitpunkt waren sie die Mehrheit, das garantiere ich euch! Nicht mal im schlimmsten Krieg waren die meisten Menschen fiese, heimtückische Mördergesellen.
Aber diese Herzlosen kontrollieren uns, obwohl sie viel weniger sind. Durch unsere Angst steuern sie uns fremd. Sie manipulieren uns und schüren unsere Ängste, bis wir zu ihren Marionetten werden.
Solange wir uns von unserer Angst beherrschen lassen, solange haben Krieg, Terror und Gewalt eine Chance.
Aber wenn wir unsere Angst besiegen und zu mutigen, freien und selbstbestimmten Individuen werden, dann wird der Frieden blühen.

# Zerrissen

Wie sieht der letzten Augenblick eines Menschen aus,
bevor die Bombe ihn zerfetzt; habt ihr euch das mal
gefragt? Das ist eine kranke und zugleich faszinierende
Vorstellung. Was geht im Gehirn vor, wenn du
begriffen hast, dass du gerade in tausend Stücke
zerrissen wirst? Teilen will ich diese Erfahrung nicht.
Tatsächlich ziehe ich es vor, im hohen Alter friedlich
einzuschlafen und nicht mehr aufzuwachen. Ich habe
keine Lust, an mir runterzuschauen und dem
flammenden Grauen in die Augen zu schauen,
während es sich heiß meine Beine hoch schlängelt.
Könntest du dir das vorstellen, wie es erst direkt
neben dir detoniert und du dann merkst, wie sich dein
Körper unter der Druckwelle in Einzelteile auflöst?
Klingt krank und passiert dennoch sehr
wahrscheinlich gerade an irgendeinem Ort auf dieser
Welt.

# Darum!

Warum schreiben Dichter über den Frieden? Warum singen berühmte Sängerinnen vom Frieden? Warum träumen so viele Lebewesen vom Frieden?
Weil er alles ist, was wir brauchen. Weil er das wahre Paradies ist. Weil er das Licht am Ende des Tunnels ist. Weil er der goldene Sonnenaufgang nach der dunklen Nacht ist. Weil er das Ende des Sturmes ist. Weil er die Quelle für die größte Liebe ist. Weil er Hoffnung bringt. Weil er Gerechtigkeit schafft. Weil er alles schön macht. Weil er Superpower und magische Kräfte besitzt. Weil er uns alle retten kann. Weil er dafür sorgt, dass Kinder lachen. Weil er die Sicherheit mitbringt. Weil er das Beste ist, was jedem von uns passieren kann!

# Erinnerungslücken

Sie glauben wirklich noch, es gäbe Rassen. Sie glauben wirklich noch, es sagt etwas über das wahre Wesen aus, Mann oder Frau zu sein. Sie glauben unterschwellig Reiche sollten mehr Rechte haben und dass einer alleine an der Spitze etwas anderes verursachen könnte als Katastrophen.

Könnten wir nur lernen, wie wir aus unseren Fehlern lernen. Könnten wir es nur schaffen, sie nicht dauernd zu wiederholen. Könnten wir nur fühlen, was unsere Fehler den Kindern der Zukunft antun.

Blinden gleich laufen wir immer wieder gegen dieselbe Wand. Wie die Fliegen, die alles vergessen, fliegen wir immerzu gegen dasselbe Fenster. Zu fragen, wie lange noch, ist müßig, denn selbst das vergessen wir.

# Blinde Flecken

Die harten Tage sind zurück, nachdem wir viele Jahre im Glück geschwelgt. Alles schien sicher. Vor allem wirkte es, als würde es für immer so weitergehen. Zu lange haben wir das Säbelrasseln ignoriert.
Heute wissen wir, es war da. Heute erscheint alles plötzlich klar. Heute sind wir Wissende, die aus ihrem Schlaf erwacht.
Hätten wir gesehen, was zu sehen war, wären wir dann immer noch so stark und sicher wie zuvor? Oder hätten Gierigen und Hassenden sowieso nach der Welt gegriffen? Niemand kennt diese Antwort. Aber es hätte eine Chance gegeben, das Paradies, in dem wir lebten, am Leben zu erhalten.
Die Frage bleibt, träumen wir immer noch und wartet da noch mehr Dunkelheit, wenn wir erwachen aus dem Schlaf? Die Frage ist, gibt es noch mehr blinde Flecken auf unserer Weltkarte, wo die Fiesen und Herzlosen planen?

# Friedensheer

Ich schließe mich dem Heer an, das für den Frieden marschiert. Ich setze mich dem Drill aus, der für den Frieden trainiert. Ich trete der Truppe bei, die den Frieden studiert.
Gemeinsam sind wir stark. Zusammen schaffen wir, was allein unmöglich war. Wir bewegen Berge, mehr noch: Wir schaffen die Einsicht für Frieden selbst in den härtesten Herzen. Hand in Hand reißen wir jeden Widerstand nieder, bis die ganze Welt sich bei uns einreiht und jeden Menschen von seinen Ketten befreit.
Ich bin endlich nicht mehr allein. Jetzt bin ich einer unter vielen im Friedensheer. Jetzt bin ich ein kleines Licht in einer großen Sonne, welche das Licht des Friedens in jeden Winkel der Welt trägt.

# Jungs und Mädchen

Einmal rund um den Mund und dann schwupps noch um die Erde. Wir fliegen mit gespreizten Armen und lassen uns von den Weltwinden tragen. Wir sind die nächste Generation und Frieden ist unser Lohn.
Wir nehmen an das Erbe der Erde und verwandeln es in ein Paradies, in dem jede:r glücklich ist. Wir sind die Kinder der Sonne und lachen in voller Wonne. Wer mit uns reist, wird reich an Glück und Lebensfreud.
Das Ende unserer Reise ist der Beginn einer neuen Weise zu leben. Denn wir suchten und wir fanden und nun beginnen wir mit Friedenstaten, unseren Traum von einer besseren Welt wahrzumachen. Denn schon lange wartet diese Erde auf bessere Tage.
Wieder heben wir ab mit freiem Flügelschlag und verkünden, dass wir haben gefunden, was so viele vor uns suchten. Wir tragen unsere Botschaft in die ganze Welt und alle begreifen, dass es größere Reichtümer als Geld gibt.

# Eine zerbrochene Vase

Wer erkennt, wie vergänglich alles ist, sieht das Leben anders und zwar sieht er wahrer, wie alles ist. Wir sind zart wie Vasen. Ein Stoß und wir zerspringen in mehr Stücke, als ein Grundschulkind zählen kann.
Zart wie eine Rose. Hart wird nur unser Herz, weil uns zu viele verletzten und wir hoffen durch innere Härte dem Schmerz entkommen zu können. Ihr seht, wir sind Narren. Wir glauben, durch emotionale Panzer uns retten zu können. Dabei filtern sie alles raus, die guten und die schlechten Erfahrungen und am Ende sind wir einsam wie eine Kirchenmaus im säkularen Staat.
Sieh dich um! Wir sind nur aus Sternenstaub und wir werden wieder zu Sternenstaub werden. Aber das darf dich nicht dazu verleiten, dich deinen Ängsten zu unterwerfen und all die guten Menschen zu ignorieren. Öffne dich, selbst mit der Gefahr, dass das schmerzen könnte. Gib dich voll dem Augenblick hin. Sei ein reines Kind des nur hier und nur jetzt. Sieh in der Vergänglichkeit ein Wunder, dessen Macht es ist, uns bewusst zu machen, wie kostbar alles und jede:r ist.

# Wir sind die

Träume unserer Ahnen wehen in den Fahnen und in den Wipfeln der Bäume. Sie geben uns Mahnungen und Wünsche mit und sie gaben uns eine Mission.
Wir sind die und wenn wir es nicht sind, dann geben wir diese Mission weiter an die nächste Generation. Wir sind die und wenn wir es nicht sind, dann tun wir alles, für jene die nach uns kommen. Wir sind die, die alles tun, um eine heile Welt zu schaffen. Wir sind die, die eine sichere Welt wahrmachen. Wir sind die, die den Weltfrieden weben. Wir sind die, die dafür sorgen, dass alle Kinder wandeln auf sicheren Wegen.

# Zu viele

Zu viele sind gefallen in den Kriegen, welche wir Menschen führten. Leider wirkt es dieser Tage so, als hätten wir trotz all der Reue und des vielen Leidens nichts dazu gelernt. Also werden noch mehr fallen in neuen sinnlosen Kriegen, an dessen Ende wieder alle bereuen und schwören, es nie wieder zu tun.
Zu viele blieben zurück nach den Kriegen und riefen die vielen Namen derer im Schlaf, die tot auf dem Schlachtfeld liegen blieben. Wie viele es sind, weiß kein Kind. Aber sicher ein paar hundert Millionen, die ermordet wurden aus Gründen, die so dämlich sind, dass wir uns alle fragen sollten, ob wir wirklich eine intelligente Spezies sind?

# Die Auserwählten

Einen Schritt weitergehen bis zum Weltfrieden. Ich glaube, die Menschheit stand schon mehrmals davor, fast in den Weltfrieden einzuschwenken. Nur ein kleiner Ruck hat gefehlt. Es wird Zeit, dass eine Generation weitergeht und den finalen Schritt lebt. Weitergehen als jede Generation zuvor. Wir können das. Ich weiß das und ich glaube, dass wir alles haben, was wir brauchen, um in den Lauf des Weltfriedens einzutauchen.
Sind wir die auserwählte Generation, die den Weltfrieden live erleben wird oder kommt sie erst noch? Ich weiß es nicht. Aber falls wir es nicht sind, dann garantiere ich euch: Sie wird kommen. Sie muss einfach kommen. Denn das Ziel war schon mal nah und das Ziel ist immer noch da und es ist wahr, dass es möglich ist, den Weltfrieden lebendig zu machen.

# Hinter verschlossenen Türen

Der Weg der Wahrheit führt in die dunkelsten
Folterkeller. Keiner von uns könnte sich vorstellen,
was für grauenvolle Dinge wir Menschen uns angetan
haben, ohne wahnsinnig zu werden. Unbeschreiblich.
Unvorstellbar. Unglaublich.
Es steckt noch in uns. Glaubt nicht, dass es nicht mehr
geschehen wird. Da draußen foltern Menschen
Menschen ohne Gnade. Das ist die Wahrheit, der wir
uns über unsere Spezies stellen müssen.
Da ist Güte und da ist Hass. Da ist Vergebung und da
ist blutrünstiger Rachedurst. Da ist Hilfsbereitschaft
und da ist Gier, die Menschen ohne zu zögern
verhungern lassen würde, falls sie nicht den
angemessenen Preis bezahlen.
Manchmal erscheinen mir Bilder von fiesen
Folterknechten und wie sie sich am Geschrei ihrer
Opfer ergötzen. Manchmal wundert es mich, Bilder
von lachenden KZ Offizieren zu sehen, weil ich nicht
verstehe, wie sie nur für einen Moment glücklich sein
konnten, nachdem was sie getan hatten. Das schlimme
ist, ich kann ihre Beweggründe rationalisieren und aus
ihrer Sicht macht es Sinn. Aber ich verstehe nicht,
wieso sie keinerlei Empathie besaßen?

# Können und wollen

Wir könnten, aber wir wollen nicht. Diese Gesellschaft könnte zu einer weltweiten Säule des Friedens werden, doch sie will Adelsklatsch, Bier auf dem Oktoberfest und schnelle Autos. Und dann kam der Krieg zurück und alle heulen rum, dass niemand etwas tut.

Du könntest, wenn du wirklich wollen würdest. Du könntest zu einer leuchtenden Fackel des Friedens werden, doch du zockst lieber online irgendwelche Games. Und dann kommt das Unheil über dich und du weißt nicht, wie du mit der Scheiße umgehen sollst und heulst rum, dass dir niemand hilft.

Auch ich könnte, doch noch scheitere ich. Ich will es wirklich, doch es klappt noch nicht. Zu leicht lass ich mich ablenken von schönen Frauen oder tue TV schauen. Und dann tritt mir jemand in den Arsch und ich heule rum, weil ich nicht gut genug vorbereitet war.

# Sklaven

Hoffnung ist die letzte Macht der Verlorenen. Ihnen bleibt nichts als der Glaube an ein Wunder. Zu so vielen Göttern haben die Armen gebetet, doch die Mörder kamen dennoch.

In dunkler Nacht brachen sie die Türen auf. Zuerst erschlugen sie die Männer. Danach ketteten sie die Kinder zusammen. Zum Schluss haben sie sich die Frauen vorgenommen und hatten viel Spaß.

Gefangen dann ein Leben lang im Sklavenstand. Die Geschichte beweist, das traf gleichermaßen schwarz und weiß. Auch Schwarze versklavten wie ihre weißen Kompagnons. Wir alle tragen in unseren Genen das Erbe von Sklaven und Versklavern, von Mördern und Ermordeten, von Vergewaltigten und Vergewaltigern. So mag unsere letzte Hoffnung sein, niemals Kinder zu zeugen, die eine der beiden Seite erleben. Deshalb müssen wir eine bessere Welt aufbauen!

# Los!

Wenn der Tag endet, liegst du wieder wach im Bett. Du wälzt dich von links nach rechts, weil du weißt, dass etwas fehlt.

Du hast alles, so scheint es. Auf den ersten Blick denkt jeder, dein Leben ist komplett. Oberflächlich gesehen, bist du reich. Aber all das gibt dir nichts. Da ist etwas, das fehlt. Du willst mehr.

Diese Welt wartet auf dich. Dein Tatendrang wird erwartet. Du kannst die Segel des Friedens hissen und die gesamte Welt umsegeln. Täler, Berge und große Städte warten auf dein Gesicht, wie es lächelnd zu ihnen spricht.

Tick. Tock. Deine Zeit rennt und kein Tag kommt zurück. Seit Monaten wälzt du dich jede Nacht und am Tag gähnst du vor Müdigkeit, welche in deinen Knochen steckt. Es wird zur Qual, denn du hast keine Wahl.

Solange Frieden ist, kannst du die Welt sehen. Solange Frieden ist, kannst du in andere Länder gehen. Solange Frieden ist, stehen die Grenzen offen. Aber sie sagen auch, deine Ausreden sind reiner Selbstbetrug. Keine Nacht musst du dich länger wälzen und morgens schweißgebadet aufwachen. Geh da raus und stell dich deinem Abenteuer!

# Sterbliche

Die Würmer kriechen aus seinen Ohren und Fliegen naschen den Rest seiner glibbrigen Augen. Er ist tot. Ob Mensch oder Hund ist hier egal.

Die Vergänglichkeit bleibt und reißt jede:n von uns entzwei. Ja, du wirst sterben! Hörst du: Dein Tod ist einprogrammiert. Stell dich dieser Wahrheit und lauf nicht weg wie ein Narr, der erst im letzten Moment erkennt, wie sterblich er ist.

Weil wir sterben und nicht ewig auf Erden müssen wir ernsthaft wählen, welchen Weg wir gehen. Denn begrenzt ist unsere Zeit. Begrenzt ist unser Leben. Müßig zu sagen, dass im Frieden dein Leben wird am längsten währen. Doch ich sehe die Menschen, wie sie auf Pfaden wandeln, welche nicht im Frieden enden. Nicht einmal euer Sturm und Drang als junger Mann entschuldigt euch für den Wahn des Hasses und ausgelebte Wut. Ihr seid verantwortlich. Es nicht zu glauben, ist Selbstbetrug.

Seid im Augenblick. Denn wie viele habt ihr noch? Wie oft werden eure Wimpern noch klimpern, bis für immer ausgehen eure Lichter?

# Weil

Weil wir Frieden wollen, müssen wir ihn uns holen. Weil wir Frieden brauchen, müssen wir ihn uns erarbeiten. Weil uns Frieden retten wird, müssen wir nach ihm Ausschau halten. Weil uns der Mangel an Frieden töten wird, müssen wir für ihn kämpfen. Weil Frieden uns beschützen kann, müssen wir ihm die Tore öffnen. Weil Frieden uns heilen wird, müssen wir sein Freund sein. Weil Frieden uns versöhnen wird, schaffen wir ihm Raum. Weil Frieden uns Reichtum und Sicherheit schenkt, müssen wir ihn in der Politik forcieren. Weil Frieden uns innerlich zufriedenstellt, müssen wir bereit für ihn werden. Weil Frieden die Lösung für fast alle Probleme ist, müssen wir ihn verbreiten. Weil Frieden unser Weg ist, müssen wir ihn beschreiten. Weil Frieden die Straßen sicher macht, müssen wir für ihn Werbung machen. Weil der Frieden das Beste für die Erde ist, müssen wir uns die Hände reichen.

# Wendepunkte

Am Ende muss sich jeder von uns fragen, ob unser Beitrag groß genug war?
Dass die Welt derzeit im Chaos versinkt, liegt daran, dass die letzte Generation zu wenig getan hat, um das Gute aufrechtzuerhalten.
... und sie versinkt dieser Tage wirklich.
Alles was uns Jahrzehnte sicher galt und ich meine hier die guten und heilen Dinge, drohen zu verschwinden. Die ganze Welt war offen und jetzt schließen sich die Grenzen wieder. Es gab keine echten Blöcke, doch jetzt stehen sich wieder Milliarden Konkurrenten gegenüber. Denn auch wenn es diese Unterschiede vorher schon gab, das Bewusstsein, dass wir verbunden sind, war größer. Mit dem Klimawandel beherrscht heute eine epische Katastrophe unser Leben und droht uns, alles zu nehmen, was wir lieben. Dazu kommen die kleinen Probleme, die es so auch nicht gab vor noch ein paar Jahren. Da sind Seuchen und Inflation und die Arroganz der Reichen, die neuerdings wieder ganz unverhohlen zeigen, was sie erreicht haben, um sich von den Armen neidisch bewundern zu lassen. Alles läuft in die falsche Richtung. Wer zieht die Notbremse und legt die Wende hin?

## ÜBER DEN AUTOR

*Ein Niemand träumt vom Weltfrieden und wird um nichts in der Welt diesen Traum aufgeben und wird nach Nirgendwo gehen, bis der Weltfrieden wahrhaft lebt.*